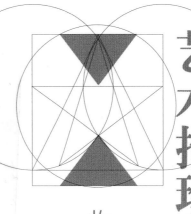

博物馆艺术拾珍

收敛篇

梁进 著

化学工业出版社

·北京·

图书在版编目(CIP)数据

博物馆艺术拾珍：收敛篇 / 梁进著.
—北京：化学工业出版社，2021.10
ISBN 978-7-122-39528-3

Ⅰ.①博… Ⅱ.①梁… Ⅲ.① 博物馆－艺术品－
鉴赏－世界 Ⅳ.①G269.1②J051

中国版本图书馆CIP数据核字（2021）第144663号

责任编辑：宋　娟
责任校对：宋　夏
装帧设计：尹琳琳

出版发行：化学工业出版社
　　　　　（北京市东城区青年湖南街13号　邮政编码100011）
印　　装：北京盛通印刷股份有限公司
710mm×1000mm　1/16　印张17$\frac{1}{2}$　字数400千字
2022年1月北京　第1版第1次印刷

购书咨询：010－64518888
售后服务：010－64518899
网　　址：http://www.cip.com.cn
凡购买本书，如有缺损质量问题，本社销售中心负责调换。

定　　价：88.00元

用心灵之窗看到的世界

江逐浪

　　曾经有很多学生告诉我，自己去过卢浮宫，却没见到《萨莫色雷斯岛的胜利女神》。乍一听，这怎么可能？可这种事却真实地频频发生着——因为有一种旅游叫作"朋友圈打卡"。

　　如果人生只是活在朋友圈里，发一张附加定位的美照当然就能实现旅行的全部目的。可旅行真正的意义，不正是在于让自己超越原有生活的局限，让自己的生命得到延展吗？那么大的世界，如果只通过取景框"看看"，无疑会错过许多真正的风景。和美好的事物擦肩而过，是人生最大的遗憾。

　　如何在有限的时间里，最快地把握到另一种文化呢？我想，最快捷的方式就是去看各地的博物馆。因为，博物馆里呈现出的文化不仅是异地的，也是异时的，是时间和空间的双重维度下的精华。在万里路上不断地看博物馆，就如同在读万卷书。博物馆就是我们拓展人生之路的地图。

　　这套《博物馆艺术拾珍》涉及了全世界30个著名的博物馆，覆盖五大文化圈、六大洲，以及上下7000年的全部人类文明。这些博物馆里的藏品数加在一起超过千万，薄薄的几百页纸当然不能完全涵盖。作者犹如一个精心制作旅行攻略的行者，从自己的角度勾勒出一条观察人类艺术发展的脉络。

这是一条很有个性的线路，自然也就是一条很私人的"线路"。比如，这条"线路"与常规不同，在重点讲到米开朗基罗的时候，甚至没有提到《大卫》！当然不是因为《大卫》不重要。那是因为《大卫》的所在地不在那30个博物馆名单里吗？并非如此。事实上，很多件艺术品也不在那个名单里，却依然出现在书中，比如梵高的《星空》。那是为什么？我想，是因为《大卫》不在作者看待艺术世界的主脉络上。

　　30家博物馆，千万级的艺术品收藏，无论谁当介绍者都需要筛选材料，那条决定筛选依据的"线索"又都与他们自己的看待艺术、看待世界的方式有关。如果我来写介绍博物馆的书，我一定会这样告诉大家："如果去巴黎，要先去卢浮宫，再去奥赛博物馆，最后去蓬皮杜艺术中心……这顺序千万不能反过来！"又或者是这样的："看文艺复兴去佛罗伦萨，看巴洛克去罗马，看新古典主义去巴黎……"这是我的线路图。我看待世界的方式，决定了我的地图；我看过的书，决定了我看待世界的方式。很明显，作者看过的书和我的不同，所以她看待世界的方式也和我大相径庭。

　　作者的艺术世界里，始终飘浮着数学的影子。首先，书名中的"收敛"与"发散"就散发着微积分那高深莫测的气息，除此之外，作者在正文里也无时不在审视数学对西方艺术发展的影响。我想，这样的"线路",怕是连那30家博物馆自己都没有想到过吧？

正因如此，虽然书中介绍的博物馆我到过大半，但还是看得津津有味：原来不仅有"比例"对应着达·芬奇的《维特鲁威人》，还可以从"分形"的角度重新审视抽象画！没错，莫奈的《睡莲》是"函数映射"在自然界中的体现，而伦勃朗笔下的群像正体现出自然界的"正态分布"……一样的内容，换成另一个角度又看出了别样的姿态，带给人别样的惊喜，这本身就是艺术的魅力。

有幸的是，作者严谨的科学背景并没有侵染艺术自由的、灵性的天地。她的写作思路既发散又体贴，有时以创作者为核心拓展介绍多件作品，有时对比分析不同创作者的同主题作品，有时以时间地域为关键词细致展开……相关的人物生平、历史背景、神话传说也一并附上，真诚分享了业余艺术爱好者入门阶段的心路历程。作者还在每一个章节的结尾，都和读者分享了自己初遇这家博物馆时的体验。

对于艺术创作者来说，对一件事物的初体验至关重要，那可能是所有创作的根，因为那一瞬间的感觉最真实、最动人。对于艺术理论分析者来说，仅有初体验是不够的，还需要根据自己的所知所学，对那些感性经验加以分析、总结、归纳、分类、提问、回答……直到从感性经验中升华出理性认识。

有趣的是，一般文科生的思路总是感性在先，理性在后；这本书的写作方式却是理性在先，感性在后。果然，一个人看到的世界，就是他此前看过的全部的书。所以，对我而言，看这本书本身就是在看另一类人看世界的方式，就是在看另一种文化，另一种生活。那不是一般取景框里的世界，那是用"心灵的窗户"看到的世界。只有用这样的眼睛看世界，才能真正看出世界的万千变化、万千美好。

所以，这本书对于没有去过那些博物馆的人来说，是一张导览图；对于去过那些博物馆的人来说，不是提供回忆的纪念册，而更可能是一个对话框。

你的世界、我的世界、他的世界，无关谁的更正确，也无关谁的更美好，让自己的世界与他人的世界交流，一定是件非常美好的事。

　　自从我出版了《淌过博物馆》和《名画中的数学密码》等书，大家觉得我对博物馆里的艺术品有些独到的看法，特别作为一名科学工作者，用数学的眼光观赏的角度不同寻常，对读者或许有些启发。本书编辑约我专门写本书，从我的视角向大家介绍博物馆里的艺术珍品。说句实话，这还真让我有点胆怯。我不敢以艺术评论者自居，对于艺术，尤其是博大精深的博物馆里的艺术珍品，我只有叹为观止的份了。编辑鼓励我，别只在那感叹，把我的那些独特的心得和想法和读者分享一下，哪怕不够成熟，也会是大有裨益的。于是，我鼓起勇气，决定以观众的身份和大家分享和拾取我"淌"艺术类博物馆时，从数学角度对一些珍品的感想。我这里也不是要对艺术类博物馆或美术作品做一个全面的介绍，事实上，书中提到的很多博物馆并无法严格地划分到艺术类，我只是想和读者分享我的艺术博物馆之旅。如果有些想法能和读者共鸣或产生交流，我就心满意足了。当然，号称怕数学的读者也不用怕，我不会用数学公式轰炸读者，只是用数学思想和观点从另一个角度去欣赏艺术、畅游博物馆，或许会产生不一样的效果。

　　为写这本书，我特地查找了"艺术"的定义。这个词好像大家都懂，解释却是五花八门，自觉得比较靠谱的是《现代汉语词典》的解释。狭义的是："用形象来反映现实但比现实有典型性的社会意识形态，包括文学、绘画、雕塑、建筑、音乐、舞蹈、戏剧、电影、曲艺等"；广义的是："指富有创造性的方式、方法"。按照这个解释，由于博物馆收藏的大多数是人类创造的精品，那么大多数博物馆都可以被称为艺术博物馆，大多数博物馆藏品都可以被认为是艺术品。其实那些冠以"艺术"或"美术"的博物馆，实际上内容既繁杂又丰富。为此在这套书里，我将其分为两篇，分别冠以两个数学名词：收敛和发散。这两个数学名词来自微积分，有严格的数学定义。但在这里，我只用不太严格的描述性的语言来表述：收敛刻画了一种无限接近某一有限值的状态或过程；发散则相反，不能无限接近任何有限值的状态或过程。在收敛篇中，我主要谈了四大综合性博物馆以及藏品，就像涓涓艺术文物汇聚于此，对应收敛意向。发散篇主要谈了世界各地独具地域特点的博物馆及其藏品，暗示很多艺术文物四处散落，仍然发光发亮，对应发散意向。用这两个数学词作为书名而不直接提数学，是暗示数学在这本书中的作用。

其实，大多数参观博物馆的观众，尤其是欣赏艺术品时，都会有这样或那样的困惑：什么叫艺术品呀？这件破破烂烂的东西还不如我用的东西漂亮，怎会价值连城？别人都说这好，我怎么看不出来呀？等等。有时这样的想法只在心里放着，不敢表露，生怕露怯，怕别人说自己没文化。其实这很正常，我也这么想过。欣赏艺术有个过程，每件艺术品都有其时间价值、艺术价值和创新价值等，很多价值不是很显然的，要细细品尝挖掘。我觉得要想回答上面这些疑问，只有用多看、多想、多比较来提高自己的鉴赏水平。切记的是不要人云亦云，别人的意见可以参考、可以启发，但更重要的是要自己细品，有自己的体会。我小时候没有多少博物馆可看，所以那时没有受到很好的艺术教育，后来有机会出国，正是大量参观博物馆的经历给了我欣赏艺术的钥匙，因此也就有了现在的这书。我不指望读者看了这本书就可以解惑，但希望可以在解惑的道路上迈进一步。

Contents
目 录

Museum 1
海涵恢宏

综合类博物馆是最符合博物馆的"博"字的了。然而,这些博物馆要"综合"到具有一定规模的顶级艺术品收藏,就很不一般了。放眼世界,也只有很少几家博物馆可以达到这个水平,而那些馆一定是最负盛名的博物馆。

Collection 1　卢浮宫博物馆

MUSÉE DU LOUVRE

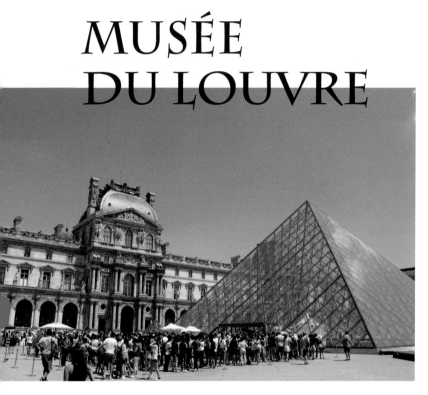

卢浮宫入口

　　法国巴黎是当之无愧的艺术之都。那里有精美绝伦的古典艺术珍品，也有文艺复兴后的旷世之作，还有现代前沿的多维探索。那里艺术收藏最珍贵，艺术品类最丰富，艺术探索最前沿。走在巴黎的大街上，街头艺术雕塑随处可见，连呼吸的空气都是带艺术味的。在巴黎，最负盛名的就是卢浮宫（Musée du Louvre）。

　　卢浮宫始建于1204年，当时只是腓力二世·奥古斯特（Philip Ⅱ Augustus）皇宫中通向塞纳河的城堡，主要用作国库及档案馆。查理五世（Charles Ⅴ of France）时期，卢浮宫被改为皇宫。后来，皇室不停搬进搬出，断断续续住过几十位法国国王和王后，其间还有一批艺术家和学者入住。1546年，弗朗索瓦一世（François I）开始对它进行改建扩建，后来在此居住的国王也不断让著名设计师按自己的想法拆修改扩，添砖加瓦。到拿破仑三世（Napoleon III）时，卢浮宫的整体建设才算完成，形成今天主宫古典优雅的风格。

1789年，法国大革命爆发，卢浮宫的院子里设立了法国革命的第一个断头台。1793年，卢浮宫正式成为博物馆并对外开放。6年后，拿破仑一世（Napoleon I）搬进了卢浮宫，进一步对它进行改建。1871年5月，巴黎公社失败时，它的一部分建筑被焚毁，但主体建筑仍得以保存。第三共和国时期，人们拆除了废墟，卢浮宫形成了今日的格局。1981年，因展览空间相对于其巨大收藏而捉襟见肘，法国政府决定将卢浮宫建筑群的全部建筑物划拨给博物馆，并对卢浮宫实施了大规模的整修。美籍华裔设计师贝聿铭设计的位于卢浮宫中央广场——拿破仑庭院上的透明金字塔建筑作为入口可连接所有展厅。

从16世纪的弗朗索瓦一世到路易十三（Louis XIII）、路易十四（Louis XIV）不断收藏各种艺术品，并将之存放以及展出在卢浮宫。拿破仑野心勃勃地把几千吨最好的艺术贡品从其战败国的宫殿、图书馆和教堂掠进卢浮宫，占满了其厅殿、庭院和长廊。然而，这些抢来的光辉并没有增加拿破仑的运气，12年后他在滑铁卢遭遇惨败，随后5000件艺术品被物归原主。尽管如此，法国人仍然以各种理由强留下部分珍品藏于宫中。

今天，卢浮宫的收藏目录上记载的艺术品已达40万件，涵盖各种门类，包括古代的埃及、希腊、罗马和东方各国的艺术品以及现代的雕塑作品，还有各种王室珍玩以及绘画精品等。博物馆展区分为8个部分：东方文物部，伊斯兰艺术部，埃及文物部，希腊、伊特鲁里亚及罗马文物部，工艺品部，雕塑部，油画部和素描版画部，此外还有一个关于卢浮宫历史和中世纪卢浮宫的展区。

毋庸置疑，卢浮宫无愧为世界著名的艺术殿堂。其本身也因为其曲折的历史、丰富的内涵、尊贵的气质以及华美的外表而成为一件伟大的艺术品，贝聿铭设计的金字塔更为它嵌上了一颗璀璨的珍珠。

卢浮宫内一瞥

镇馆三宝

　　众所周知，卢浮宫有三件镇馆之宝：《蒙娜丽莎》（*Mona Lisa*）、《萨莫色雷斯岛的胜利女神》（*The Winged Victory of Samothrace*）和《米洛的维纳斯》（*Venus de Milo*）。前一件是绘画，后两件是雕塑。

　　我们先说雕塑。胜利女神是俗称，其官名为《萨莫色雷斯岛的尼姬》（*Nike of Samothrace*），也叫《带翅膀的维多利亚》（*Winged Victoria*）。尼姬是古希腊的胜利女神，是胜利的化身；她在古罗马叫维多利亚，维多利亚在拉丁语中也是胜利的意思。她是泰坦帕拉斯（Pallas）和斯堤克斯（Styx）的女儿，还是宙斯（Zeus）和雅典娜（Athena）的从神。她长着一对翅膀，身材健美，衣裙飘飘，她所到之处会有胜利紧跟到来。

萨莫色雷斯岛的胜利女神

公元前 190 年
大理石　高 328cm
巴黎卢浮宫博物馆

　　这尊雕像的构思新颖独特，底座是战船的船头，胜利女神在船头乘风破浪，显示了海战的背景，昂扬的姿态传达了必胜的信念。她挺胸傲立，健美优雅，高高扬起的健硕羽翼充分体现出了胜利的英姿和凯旋的激情。海风似乎正迎面吹来，紧贴的衣裙显露出女神那丰满而富有弹性的身躯，衣褶质感纹路的雕刻让人仿佛能感受到女神细腻的肌肤。作品的构图也十分成功，向后飘扬的衣角和展开的双翅构成了极其流畅的线条，双翼和前倾的腿构成一个顶角向前的三角形，强化了前进和升腾的姿态。雕像气势昂扬，具有一种不可阻挡的力量，极具视觉冲击力，无论从哪个角度观赏，都能感受到胜利女神展翅欲飞的雄姿和"胜利"的形象。虽然雕像的头和手臂已丢失，但她仍被认为是古希腊雕刻家们最高艺术水平的代表作。在已发现希腊雕像中，很少见到如此洋溢着动感和生气的形象，此作品因而弥足珍贵。

胜利女神像于 1863 年被发现，但其作者难以考证，创作年代和背景也没有最后定论，争议从公元前 480 年的萨拉米斯海战到公元前 31 年的阿克提姆海战。

另一个卢浮宫三宝之一是雕刻作品《米洛的维纳斯》，也叫《断臂维纳斯》。米洛是指发现雕像的米洛岛。维纳斯是罗马神话中的爱和美之神，即希腊神话中的阿芙洛狄忒（Aphrodite）。1820 年，在希腊爱琴海米洛岛上，一个农民在翻挖菜地时发现了一个神龛，里面有尊半裸美女的雕像。消息传出，各路买者纷至沓来。当捷足先登者把雕像装船启运时，发生了激烈的争夺战。在混战中，维纳斯雕像被抛在泥地里，双臂被摔断了。官司打到当局，最后雕像被高价判给了法国人。根据其底座的刻印，它被认为是安条克的亚历山德罗斯（Alexandros of Antioch）的作品。早期，它曾被错认为是雕刻大师普拉克斯特里斯（Praxiteles）的作品。

这尊雕像被誉为"黄金时期的缩影"，浓缩了古希腊所代表的一切。女神失去了双臂，但保留了完整的优雅头部和秀美面容。从头、肩、腰、腿到足的曲线变化表现了女神的圣洁，表情沉静，神态自若，

米洛的维纳斯

公元前100年
大理石 高202cm
巴黎卢浮宫博物馆

散发出生命的魅力。这尊雕像表达的是古希腊理想美的观念，被认为是女性美的典范。雕像典雅、优美，虽然断臂，却有着一种缺损美，引起观者无穷的遐想。更神奇的是，雕像完全符合人体的黄金分割原则。尽管以维纳斯（或阿芙洛狄忒）为主题的雕像很多，但在人们心中，这尊雕像才是正宗的美神。

卢浮宫三宝中唯一的绘画作品是达·芬奇的《蒙娜丽莎》。

列奥纳多·达·芬奇（Leonardo Da Vinci）是意大利文艺复兴时期的博学家。他的名头很多且都实至名归：画家、雕刻家、音乐家、数学家、发明家、工程师、解剖学家、建筑师、地质学家、制图师、植物学家、作家等。他横跨文理，广执牛耳，毫不谦虚地聚艺术家和科学家身份于己身。这位奇才勤奋多产，他涉及的领域之广、之深在人类历史上是罕见的，光流传下来的手稿就有6000多页。艺术和科学能在他的画布上完美结合也是很自然的事了。除了在科学上的贡献，他最大的成就是绘画，他给人类留下许多不朽的杰作，如《蒙娜丽莎》《岩间圣母》（Virgin of the Rocks），《最后的晚餐》（The Last Supper）和《维特鲁威人》（Vitruvian Man）等，那些作品都体现了他广博的艺术造诣、深刻的文化思想、厚重的科学功底和精湛的绘画技巧。他用他的科学修养去探索绘画几何结构和透视空间技法，首次灵活地将各种数学元素应用于他的技法中。

文艺复兴的绘画作品大都是宗教画，即体现《圣经》中的故事。此前，神的形象虽然是以人为蓝本，却把人理想化，远离了真实的人。科学的发展促进了文艺复兴，而文艺复兴使艺术家把目光转到了人自身，即便画神也会将其人性化。那个时代，虽然还没有照相机，达·芬奇们为了求真，通过追求绘画有照相的效果来真实反映现实的世界，而这样的追求只有科学技术发展到一定程度后才能实现。为了画人，达·芬奇成了解剖学家，研究肌肉、骨骼在各种姿势下的形状；为了在画布的二维空间体现三维的效果，达·芬奇成了几何学家，应用透视、色彩和明暗刻画空间感和立体感。所有这些努力让达·芬奇不仅是一位传世的艺术家，还成了一位当之无愧的数学家。

据记载，达·芬奇关于绘画的数学化名言如下：

"绘画是一门科学。绘画科学的第一条原理：绘画科学首先从点开始，其次是线，再次是面，最后是由面规定着的形体。物体的描画，就此为止。事实上，绘画不能越出面之外，而正是依靠面来表现可见物体的形状。"

在他看来，真实地反映客观实体是绘画的灵魂，因此支撑绘画的支架就是数学中的几何。

《蒙娜丽莎》中的人物姿态雍容优雅，笑容若隐若现，背景迷离虚幻。画家力图通过人物美丽典雅的面容来刻画其丰富的内心感情，眼角、唇边等情感流露的关键处，他精雕细刻，

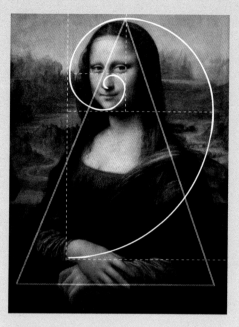

蒙娜丽莎

列奥纳多·达·芬奇
1503—1519年
木板油画　77cm×53cm
巴黎卢浮宫博物馆

营造奇境。加上如梦如幻的背景渲染，使蒙娜丽莎的微笑具有一种魔魅般的超凡神韵，被称为"神秘的微笑"，迷倒了古今中外无数观者。从结构上看，这幅画采取了三角结构，画面显得稳定、安详。达·芬奇让蒙娜丽莎的手搭起，撑起了画的底部，构成了一个黄金三角形，而且她的头、眼、嘴、鼻的位置处处符合黄金分割，并形成一条对数螺线，使得整个画面充满了从容祥和的氛围。

《蒙娜丽莎》的影响深远，以至于后来的半身慈祥人物画都或多或少地有她的影子。《蒙娜丽莎》的神秘微笑风靡几百年，经久不衰，其实黄金三角形和对数螺线功不可没。据说后来人们又找到了《蒙娜丽莎》的姊妹篇，有研究说两幅画的视角略有差异，恰似左右两眼看到的影像。如果这是事实，那么达·芬奇绝对是开创了三维立体绘画的先河。几百年后的今天，人们用激光制作全息照片，分拍合成摄制立体影片，通过遥感技术当"千里眼""顺风耳"来获取更多远外的信息，多少都步了这幅画的后尘。这幅画还命途多舛，经历坎坷，遭遇过失窃、压箱、复制、被赝和变卖等。除了"微笑之谜"，这幅画隐藏着许多未解之谜，如原型之谜、隐喻之谜、真伪之谜等。关于这幅画的各种传说故事也纷纷繁繁，让不少人倾其一生进行研究，从而使得"神秘的微笑"成为永恒之美。

卢浮宫还收藏着另一幅达·芬奇的知名绘画作品《岩间圣母》。达·芬奇创作了两幅《岩间圣母》，另一幅藏于伦敦英国国家美术馆。卢浮宫收藏的那幅画于1483—1486年，英国国家美术馆收藏的那幅画于1491—1506年。这两幅画结构相似，都是以圣母为主轴搭建了一个稳定的三角形，圣母右手扶着圣约翰，左手罩着小耶稣，耶稣背后还有位天使，耶稣被置于三角形的重心之处。这个三角形和圣母身后那不稳定的头重脚轻、层层叠叠且狰狞恐怖的丁字形岩石形成了强烈对比，创造了一个极

11

岩间圣母

列奥纳多·达·芬奇
1483—1486年
布面油画（木板移） 199cm×122cm
巴黎卢浮宫博物馆

不稳定环境下的稳定小环境，以体现圣母的慈爱和伟大。英国国家美术馆的那幅则比卢浮宫的这幅画面更冷峻。

为了进一步了解达·芬奇画中的数学，有必要了解一下体现他对人体比例进行了探索的作品《维特鲁威人》和《最后的晚餐》。

《维特鲁威人》中的男子摆出两个姿势，这两个姿势与画中两句话相互对应。置于边长为 96 指长（或 24 掌长）的正方形中双脚并拢、双臂平伸的姿势诠释了画下面的一句话：

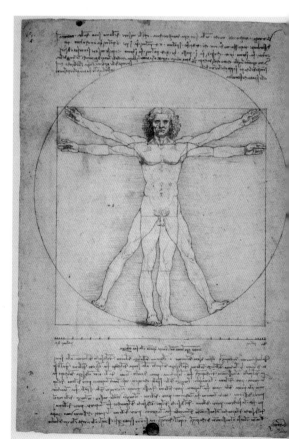

"人伸开的手臂的宽度等于他的身高。"

另一种置于圆中的姿势为双腿跨开，胳膊稍微抬高，它解释了更为专业的维特鲁威定律。

"如果你双腿跨开，使你的高度减少 1/14，双臂伸出并抬高，直到你的中指的指尖与你头部最高处处于同一水平线上，你会发现你伸展开的四肢的中心就是你的肚脐，双腿之间会形成一个等边三角形。画中摆出这个姿势的男子被置于一个正方形中，正方形的每一条边

13

等于 24 掌长，而正方形被圈在一个大大的圆里，他的
肚脐就是圆心。"

这幅画在小说《达·芬奇密码》（*The Da Vinci Code*）
中被当成第一个密码：卢浮宫博物馆馆长临终前被摆放成这幅
画中的第二个姿势，我们在这又看到了那神奇的五边形。这部
小说通过各种密码引出一系列的智力难题并引导读者去揭示
一个天大的秘密。数学在其中就一直扮演着重要角色，这也
使得这幅画披上了一件神秘的外衣。

关于人体比例，早在古希腊就有了八头身、九头身等说法，
维特鲁威的《建筑十书》（*The Ten Books on Architecture*）
也认为，完美的建筑应当和人体一样，有和谐的比例。人们
也意识到了，人体与众多生物一样，是关于中轴镜像对称的。
达·芬奇是使用数学去探索人体和谐比例的先驱，他在这幅画
中熟练应用几何，将这些表现得更系统精确，更淋漓尽致，把
美学体感和数学知觉直接联系到一起。它代表了文艺复兴时期
应用科学、重视自然、回归人体的思潮，也隐喻了天人合一，
以达到理念和技巧的极致融合。但美学黄金比例并不是完全对
称的，后来人们进一步认识到对称缺损在自然界也广泛存在。

达·芬奇画在意大利米兰的圣玛利亚感恩修道院墙壁上
的传世杰作《最后的晚餐》则是他应用透视技巧的登峰之作。
他利用两边和穹顶的黄金矩形通过梯度聚焦耶稣，并让后面
的远景延伸到无穷。所有的人物只坐在桌子的一侧，虽然这
有悖于一般晚餐围坐餐桌的习俗，但却方便画家表现人物。
事实上，达·芬奇把观者也考虑进情景，使画面具有舞台效

维特鲁威人

列奥纳多·达·芬奇
1485年　纸上墨水
34.3cm×24.5cm
威尼斯学院美术馆

最后的晚餐

列奥纳多·达·芬奇
1495—1498年
湿壁画　460cm×880cm
米兰圣玛利亚感恩修道院

果，突破了传统绘画"小窗偷窥"的格局。整个画面以耶稣为中心，其他人物对称排开。在主角耶稣平静地说出自己被出卖后，配角们动作、表情不一，起伏不定。画面构成很像一幅数学的三角波形图，位于画面中心的耶稣如定海神针般起着波不动点的作用，这个波让画面平静又动荡。这里隐含着两个在无穷远处有共同顶点的相似三角形，一个底边直达观者，另一个底边就是画面上的人物表演坦然、惊恐、愤怒、怀疑、剖白和慌张等情绪的舞台，而这些情绪通过画面的几何结构沿着波线直接散播并感染到观者。

达·芬奇通过他的画作，不仅在艺术上也在数学上留下了浓墨重彩的一笔。

美轮美奂的雕塑收藏

当然，卢浮三宝远不能代表卢浮宫美妙绝伦的艺术藏品的全部。卢浮宫还收藏大量各时期、各地区的精美雕塑作品，其中安东尼奥·卡诺瓦（Antonio Canova）的《普赛克被爱神之吻救活》（*Psyche Revived by the Kiss of Love*）是其中的代表作。卡诺瓦是意大利新古典主义雕塑家，他的作品标志着雕塑从戏剧化的巴洛克时期进入到以复兴古典风格为追求的新古典主义时期。他的作品还有《美惠三女神》（*Three Graces*）、《提着美杜莎头颅的珀尔修斯》（*Perseus with the Head of Medusa*）等。

《普赛克被爱神之吻救活》源于古罗马柏拉图派哲学家、作家阿普列乌斯（Apuleius）2 世纪写的《金驴记》（*The Golden Ass*）。丘比特（Cupid）是爱神，他是美神维纳斯的小儿子，他的形象是一个长着翅膀、背着弓箭的顽皮小孩。他的箭一旦射在一对男女的心上，他们便会深深相爱。他自己也有一段和凡间少女普赛克相爱的浪漫爱情故事。相传，一位无名国的国王生了三个美丽的女儿，最小的女儿普赛克最漂亮，她的美貌甚至被传超过维纳斯。维纳斯非常嫉妒她，便命令小儿子去惩罚她。然而，丘比特对普赛克一见钟情，让她爱上自己并嫁他为妻。普赛克跟他来到恢宏的神殿，从此生活无忧，但她因是凡人而看不到丘比特的面容，只有晚上在黑暗中才能会情郎。一段时间后，普赛克在和"黑影"的婚姻生活中怀孕了。她的两个姐姐嫉妒她，便说"黑影"是恶魔，并怂恿她晚上点灯偷看他。于是，晚上等到"黑影"在她身边睡着后，普赛克点亮了她偷藏的油灯，结果看到了一位从未见到过的英

普赛克被爱神之吻救活

安东尼奥·卡诺瓦
1787—1793年　大理石
155cm×168cm×101cm
巴黎卢浮宫博物馆

俊少年，这就是她的丈夫丘比特。丘比特被灯油滴到身上烫伤惊醒，愤怒而去，宫殿、花园也随之消失，普赛克发现自己一个人躺在荒野。为了寻找丈夫，普赛克到处询问，不觉来到维纳斯的神殿。为了毁掉普赛克，这位美神给她布置了很多艰巨又危险的任务，最后一项便是叫普赛克把一个空瓶子交给冥后普洛塞尔皮娜（Proserpine），再从她那里带回装着自己失去的一日美貌的瓶子。途中，一个声音一直指引着普赛克如何摆脱各种死亡的威胁，并警告她取回瓶子后，无论如何都不能打开。普赛克克服了种种困难，终于完成了任务。返回途中，她的好奇心还是驱使她打开了瓶子。结果里面装的不是一日美貌，而是地狱里的睡眠鬼。它从瓶中逸出，附在普赛克身上，使她陷入沉睡。伤愈后从母亲那里逃出来的丘比特发现普赛克僵睡在地上，便从她身上抓起睡鬼、把它重新装回瓶子里，并将普赛克吻醒。两人原谅了对方。众神被他们执着的爱情所感动，便赐普赛克一碗长生不老羹，并封她为女神。这样，普赛克与丘比特终于结为永远的伉俪。

《普赛克被爱神之吻救活》截取了丘比特抱起昏睡的普赛克将她吻醒的瞬间，刻画了至纯至美的爱情。除了精美细腻的古希腊风格的人体雕刻，其结构也非常特别。一单跪、一侧躺的丘比特和普赛克，四手环扣，丘比特张开的翅膀和两人伸展的腿构成数学中的双曲鞍形。这种图形具有变化平衡的美妙和扩展无限的想象，使得雕像产生了一种奇异独特的意象。

关于这个主题的雕像，卡诺瓦创作了两个版本，现在分别收藏在两个最好的博物馆：第一个版本在法国的卢浮宫，另一个版本在俄罗斯的埃尔米塔什博物馆。两个版本的差别并不大。

艺术王国的本国艺术精华

地处法国政治和文化中心巴黎的卢浮宫，不仅是世界性的顶级艺术博物馆，也记录着法国自己的重要历史。《拿破仑一世及其皇后加冕典礼》（ *The Coronation of the Emperor Napoleon I and the Crowning of the Empress Josephine in Notre-Dame Cathedral on December 2, 1804* ）和《自由引导人民》（ *July 28: Liberty Leading the People* ）不仅艺术水平高超，而且还记录下了对法国历史有重大影响的时刻。

拿破仑加冕称帝是法国历史上的一个重大事件。尽管拿破仑通过公投合法获得了皇帝之位，但他仍想通过加冕仪式达成多种政治目的。加冕大典在巴黎圣母院举行，拿破仑·波拿巴加冕成为拿破仑一世，这距法国第一次举行皇帝加冕仪式已有 1000 多年。仪式特别之处是这位 35 岁的欧洲征服者自己将皇冠放在头上，然后再为他的皇后加冕。

雅克–路易·大卫（ Jacques-Louis David ）是法国著名画家，新古典主义画派的奠基人。大革命时期，大卫不仅是画家，他还作为社会活动家、革命家积极投身于革命，其传世的画作有《马拉之死》（ *The Death of Marat* ）、《荷拉斯兄弟之誓》（ *Oath of the Horatii* ）等。

拿破仑称帝后，身为其首席宫廷画师的大卫受委托，用了 3 年的时间完成了《拿破仑一世及其皇后加冕典礼》这幅巨画，以纪念拿破仑于 1804 年 12 月 2 日在巴黎圣母院举行的加冕礼。为了流芳百世，有些事件被美化，例如画中拿破仑的母亲出席了他的加冕礼，端坐于画面中央的王座之上，事实上这位母亲当时并未露面。画面选取大典中的一瞬间，身披红氅披风、已经自戴皇冠的拿破仑正托起皇后的后冠，给跪在主教坛前的约瑟芬加冕。教皇庇护七世（ Pius Ⅶ ）坐在拿破仑身后，心绪不宁地默认了这一事件。参加加冕式的大臣、将军、红衣主教和各国使节都被按真实的场面画出，画中共有近百人的肖像，许多人都被请到画室做过模特，人物、服饰、环境质感逼真、富丽堂皇。这幅画场面庄严，气势宏伟，结构严谨，是欧洲绘画史上少见的描绘重大场面作品。大卫充分发挥了他的人物造型与色彩描绘才能，达到了由他奠基的新古典主义绘画的最高境界。

如果说《拿破仑一世及其皇后加冕典礼》记录了法国历史的一个重要时刻，那么《自由引导人民》不仅记录了历史，还对法国历史进程产生了重大影响。

《自由引导人民》的作者欧仁·德拉克洛瓦（Eugene Delacroix）是法国著名画家、浪漫主义画派的代表。他继承和发展了文艺复兴以来欧洲各艺术流派，影响了以后的艺术发展。

《自由引导人民》是一首人民争取自由的颂歌，又名《1830 年 7 月 27 日》，以纪念 1830 年 7 月 27 日巴黎市民为推翻第二次复辟的查理十世（Charles X）的波旁王朝而举行的一次起义。起义始于 7 月 27 日，结束于 7 月 29 日，历史上称为"光荣的三天"（Trois Glorieuses）。

德拉克洛瓦采用浪漫主义手法，将主角设计为一位青年女子——自由女神，她在硝烟中一手高擎象征法国大革命的红白蓝三色旗（后成为法国国旗），一手提着带刺刀的步兵枪，一马当先，召唤着起义者奋勇向前。她赤脚袒胸，带着象征自由的弗里吉亚帽，穿着朴素古典的黄色衣裙。画家参照了古希腊女神的形象，与周围身穿现代服装的起义者相比，让她更像一个抽象的人，代表着最高的精神与意义，赋予其强烈的象征性。女子左边是一位戴着贝雷帽看起来还是孩子的学生，他肩膀上挂着一个大尺寸的弹药盒，右脚向前，双手挥舞着手枪。女子右边是一位戴着高帽子、身穿燕尾服看起来像是知识分子的市民，他正紧握双管猎枪向前冲。有人说这位人士就是画家自己，也有人说是当时活跃的革命活动家。再右边是一位工人打扮的志士，他身着工作服，腰间用一条手帕固定着手枪。女子前边一位受伤的义士正挣扎而起，仰望着她，其蓝色上衣、露出的一角白色衬衣和红腰带正好是三色旗的颜色。再前面是倒下的尸体，既有起义人士，又有保皇士兵，死亡也无法阻挡人们为

拿破仑一世及其皇后加冕典礼

雅克-路易·大卫
1806—1807 年
布面油画　621cm×979cm
巴黎卢浮宫博物馆

自由而战的渴望。围绕女神前后左右的是工人、市民、孩子、学生等，画家描绘了为了自由全民参战的情景。画面上还可以隐约看到，远处大教堂顶上飘扬着一面共和国旗帜。

《自由引导人民》主题明确，光色对比强烈，感情奔放。其绘画理念是把理想比喻和现实场面结合起来，由光照亮的高举三色旗的女子被提升到自由女神的高度。整幅画气势磅礴，有如神助，既有理想实现有望的感觉，又有现实残酷艰难的印象，有着强烈的感染力。画家饱含深情，用笔豪放，充分展现了浪漫派绘画的风格特点。

《自由引导人民》的画面结构紧凑，采取了顶天立地的构图形式。倒在地上的尸体、战斗的勇士以及高举旗帜的女子，构成一个稳定且蕴藏动势的三角形。象征自由、平等、博爱的三色旗位于三角形的顶点，主角群的头部落在黄金分割线的位置，构图井然有序。他们身后是勇往直前的战士，远处的建筑是巴黎市中心的标志——巴黎圣母院。画面明暗对比强烈，整体色调采用暗色，但在硝烟弥漫中战火照亮了自由女神和倒地献身的起义志士，象征着自由理想前赴后继、势不可当。

《自由引导人民》在法国乃至世界弘扬自由精神都有着深远的影响。尽管德拉克洛瓦不是第一个画戴弗里吉亚帽女子的人，但他在这幅杰作中创作的女神被认为是法国象征玛丽安的原型。这幅画对许多人产生了启发，它应该对维克多·雨果（Victor Hugo）的《悲惨世界》（Les Miserables）的创作产生过影响。这幅画还给弗雷德里克·奥古斯特·巴托尔迪（Frederic Auguste Bartholdi）灵感进而创作了自由女神铜像。那座铜像作为法国送给美国纪念美国独立战争100周年的礼物坐落在纽约，成为美国的象征。这幅画还是

自由引导人民

欧仁·德拉克洛瓦
1831年　布面油画
260cm×325cm　巴黎卢浮宫博物馆

许多音乐家创作的源泉，如乔治·安太尔（George Antheil）的《第六交响曲》（*Symphony No.6*）。这幅画也曾被印在法国政府发行的100法郎纸钞和许多国家发行的邮票上。这样一幅具有法国精神的艺术品当之无愧是卢浮宫的珍宝。

有一位法国本土的画家很特别，他就是乔治·德·拉图尔（Georges

基督在木匠的店里

乔治·德·拉图尔
1642年
布面油画　137cm×102cm
巴黎卢浮宫博物馆

de La Tour）。拉图尔是一位充满神秘感的画家，其生平都鲜为人知，
他以宗教主题与反映日常生活的风俗画作品而闻名。他的作品含蓄、静谧，
探讨生死的哲学或宗教主题，加上明暗幽幻的画风，让人感到神秘兮兮。
拉图尔在世时名利双收，死后被人遗忘，沉寂了几百年，直到 20 世纪才被人重新发现。现在，他被认为是 17 世纪较重要的法国画家之一，被人们尊称为"烛光画家"。他的大部分作品描绘的都是夜晚的场景，用蜡烛或火炬采光并产生阴影，营造强烈的明暗对比，强调主题，忽略或淡化背景，从而形成其内容简洁、主题鲜明的绘画风格。这种非凡的本领源于拉图尔卓越的洞察力，也许他就是今天摄影中的所谓低调技法的鼻祖。

《基督在木匠的店里》（*Saint Joseph the Carpenter*）是拉图尔艺术成熟期的杰作之一。作品构图简单，画中只有两人，童年的耶稣和他的养父圣约瑟。圣约瑟弯着腰，紧握工具，正在努力地干着木匠活。童年的耶稣和一般的孩童无异，挺身正坐并手持一支蜡烛，为养父照明。这幅画的寓意十分深刻。养父代表着普通凡人，正辛苦劳作，耶稣为他点亮了一丝光明，也照亮了他的生活和希望。木匠正在加工的那块木头与工具钻的把手正好形成一个十字架，表明普通民众的信仰。画面的光线非常独特，蜡烛也照亮了耶稣自己。看耶稣脸部的明亮，与其说是被照亮，倒不如说是发自他自身，再配上他温慈的表情，那光就像从体内向外自然放射的一样，隐含着耶稣就是世界之光的寓意。拉图尔只有在画神的时候，才会使用这种技法。蜡烛的光隐去了木匠店的其他细节，照亮了圣约瑟的前额、劳动的双手和劳作的对象。这幅画不仅反映出拉图尔对日常劳动生活情景的兴趣，也反映出他对圣约瑟、童年的耶稣和十字架的特殊情感。

"作弊者"是拉图尔流传度最高的名画，这画有两个版本。两个版本非常相像，人物的神态、举止无二，差别只在服饰和牌型。卢浮宫收藏的版本被称为《方块Ａ作弊者》（*The Cheat with the Ace of Diamonds*），而另一个版本叫《草花Ａ作弊者》（*The Cheat with the Ace of Clubs*），由美国的金贝尔艺术博物馆收藏。

《方块 A 作弊者》中有三个人围桌而坐正在打牌，旁边一位女仆正给女主人拿酒。画面左边的男子正在作弊，他从后腰处事先插好的两张牌中摸出方块 A。拿酒的女仆正在暗示她的女主人。那位女主人看来正是这场团伙作弊的主谋，她的眼神暴露了一切。画面右边那个正在看牌的稚气未脱、涉世未深的年轻人应该是这场作弊阴谋的受害者。拉图尔用入木三分的刻画、诙谐生动的笔触，将画中每个人的角色通过他们的动作、眼神和表情描绘得活灵活现。这是一幅呈现了当时人们的生活与社会风气的风俗画。画面处理为典型的拉图尔风格，隐去背景，突出人物。

有人说拉图尔是在卡拉瓦乔（Caravaggio）的《打牌作弊者》(*The Cardsharps*) 那里找到灵感。对比欣赏之下，拉图尔的作品则更有故事、更富戏剧性，实在是青出于蓝而胜于蓝。

更多世界名画珍品

卢浮宫的绘画收藏除了有法国画家的作品，还有其他国家艺术家的珍品。

先看一幅文艺复兴时期的代表作，它就是意大利画家保罗·乌切洛（Paolo Uccello）的《圣罗马诺之战》(*Battle of San Romano*)。

方块 A 作弊者

乔治·德·拉图尔
1635—1638年
布面油画　106cm×146cm
巴黎卢浮宫博物馆

打牌作弊者

卡拉瓦乔
1595—1598年
布面油画　99cm×131cm
巴黎卢浮宫博物馆

这幅画描绘了 1432 年 6 月 1 日发生在佛罗伦萨约 50 千米之外佛罗伦萨和锡耶纳军队之间的战斗——圣罗马诺之战。关于这个题材，画家共创作了 3 幅画，分别藏于巴黎卢浮宫、伦敦英国国家美术馆和佛罗伦萨乌菲齐美术馆。这场战争并非什么重要的战役，这幅画也并非呈现了很高的绘画技艺。这幅画在历史上的重要性在于画家对透视的探索。近处的战士较大，而远方的战士比较小，它是最早的应用透视的那批作品之一。这就是这幅画的价值所在，尽管透视的应用并不完全准确。回头再看 60 年后达·芬奇《最后的晚餐》和拉斐尔（Raphael Santi）的《雅典学院》（The School of Athens），画中透视的应用已炉火纯青。

圣罗马诺之战

保罗·乌切洛　1435—1440 年
木板蛋彩画　182cm×317cm　巴黎卢浮宫博物馆

29

花边女工

约翰内斯·维米尔
1669/1670年
布面油画　24cm×21cm
巴黎卢浮宫博物馆

　　说到在艺术史上留名的人物，不得不提荷兰绘画大师约翰内斯·维米尔（Johannes Vermeer）。他是风俗画家，代表作品有《戴珍珠耳环的少女》（*Girl with a Pearl Earring*）、《花边女工》（*The Lacemaker*）等。他是荷兰黄金时代绘画大师，与梵高（Vincent van Gogh）、伦勃朗（Rembrandt van Rijn）合称荷兰三大画家。维米尔的作品大多取材于市民平常的生活，画面温馨宁静，给人以厚重而真实的生活质感。他的艺术风格也别具特色，画中形体结实，结构精致，色彩明朗和谐，尤善于表现室内光线和空间感。卢浮宫就收藏了他的名作《花边女工》与《天文学家》（*The Astronomer*）等。

《花边女工》是维米尔的代表作之一。画家用细腻而抒情的笔调描绘了一个正在编织蕾丝的女工，着意刻画了她工作时那种专注的神情和灵巧的双手。维米尔对光线的处理非常独到，他喜欢用暖中偏冷的色彩打造十分和谐的色调，以颤抖且柔和的感光度来表现光线。他对光感十分敏锐，通过对色彩微妙的渗透来反映他的直觉，让画面显得平静而客观，简单而温暖。这幅作品传达给观者最强烈的意念就是"认真"。这个女孩的认真让人感动，画家的认真让人享受。

　　另一幅同主题作品却给人以相反的感受。在俄罗斯画家瓦西里·特罗平宁（Vasily Tropinin）的《花边女工》（*Lace Maker*）中，女工抬起了脸，虽然这能让我们看到她脸庞的美丽，但却丢失了她工作认真的美丽。

花边女工

瓦西里·特罗平宁
1823年
布面油画　75.5cm×59.7cm
莫斯科特列恰科夫美术馆

《天文学家》是卢浮宫收藏的维米尔的另一幅作品。画中主角也是一个人，不过这次主角是位天文学家。他正在转动星象仪，配合桌上摊开的书，表示画中人物正在进行科学探索研究。其周围散布的东西都和天象有关，如挂在柜子上的罗盘、被毯子遮住一半的水手用的星盘和立在柜顶的书籍。衣柜上的字母和数字，可能是维米尔的签名和创作日期。墙上挂的画是"发现摩西"，摩西在《圣经》中预示智慧与科学。画面的光线处理是维米尔最擅长的——通过窗户采光。

天文学家

约翰内斯·维米尔
1688年
布面油画　51cm×45cm
巴黎卢浮宫博物馆

工业革命后，科学家成为画题并不罕见，事实上它也是 17 世纪荷兰画坛的宠题。维米尔还创作过一幅《地理学家》（*The Geographer*），画中人物被认为与《天文学家》画中人是同一个人，画中场景也被认为是同一地点。这有两种可能，一是画中人用了同一个模特，二是当时的科学家的确多才多艺，跨科现象稀松平常，一位科学家完全有可能同时是天文学家和地理学家。

说到维米尔，他的《戴珍珠耳环的少女》是绝对不能略过的。《戴珍珠耳环的少女》是一幅小小的油画，比八开纸大不了多少，油彩都已经干得开裂，但就是这样一幅看似不起眼的小画，却迷倒一批又一批看客。画中少女的惊鸿一瞥仿佛摄住了观者的灵魂。维米尔用全黑背景，烘托出少女光彩夺目的魅力。画中的少女侧身转头，凝望着观者，双唇微启。她的明眸流露脉脉殷切之情，好像诉说千言万语。少女身穿棕色外衣，白色的衣领、蓝色的围头和垂下的柠檬色头巾布形成优雅的色彩对比。那颗被用于命名的珍珠象征贞洁，作为耳坠在少女颈部的阴影里若隐若现，十分迷人，给画面增添了一点难以名状的神奇。

此画面世 300 多年，戴珍珠少女的魅力与日俱增：那柔和的衣服线条，耳坠的明暗变化，尤其是女子侧身扭首、欲言还止、似笑又嗔的回眸。画中女子的真实身份不明，和《蒙娜丽莎》的微笑一样一直令人津津乐道，《戴珍珠耳环的少女》被称为"北方的蒙娜丽莎"。

地理学家

约翰内斯·维米尔
1669 年
布面油画　51.6cm×45.4cm
法兰克兰施泰德美术馆

戴珍珠耳环的少女

约翰内斯·维米尔
1665年
布面油画 44.5cm×39cm
海牙莫瑞泰斯皇家美术馆

博物馆艺术拾珍

MUSÉE DU LOUVRE

卢浮宫随记

　　巴黎我去过近十次，几乎每次都会去卢浮宫。第一次，就冲着卢浮宫那三件镇馆之宝《萨莫色雷斯岛的胜利女神》《米洛的维纳斯》和《蒙娜丽莎》而去。这三宝太有名，没去之前已如雷贯耳。对于胜利女神，原来看到照片时，不明白为什么有名。直到见到这件无头实物，才感受到了身体昂扬的姿态、衣服流畅的皱褶中传达出的那种骄傲、那种喜悦。她脚下的船更有一种"轻舟已过万重山"的感觉，电影《泰坦尼克号》中著名的浪漫画面的灵感定是来源于此吧？维纳斯也是残缺却唯美，不会让人产生要给她穿衣的冲动，不过据说很多艺术家倒是有给她接臂的遐想，但接来接去都没有原来的美。见到《蒙娜丽莎》时，我却有点失望，因为画幅并不大，还被严严实实地包在保护框架后，观者里三层外三层。即便那神秘的微笑和朦胧的眼神有电人之处，也被太多的人消减了，效果还不如直接看照片。以后再去，我会更理性地去欣赏卢浮宫的丰富精美馆藏。

　　卢浮宫的宝藏实在是探索不尽，美不胜收！

Collection 2　大 英 博 物 馆

THE BRITISH MUSEUM

大英博物馆正门

　　最负盛名、历史最悠久、规模最宏伟、集世界各地各个时期重要文物于一身的博物馆当属有着 260 多年历史的大英博物馆（The British Museum）。大英博物馆收藏的来自世界各地的藏品数量之丰富、种类之繁多、价值之珍贵在全世界范围内是绝大多数其他博物馆难望其项背的。

　　1753 年，英国著名收藏家汉斯·斯隆爵士（Sir Hans Sloane）去世后，他的家人按其生前遗愿将他留下的 7.1 万多件个人藏品以及大批植物标本和书籍、手稿全部捐赠给国家。这些藏品被交给了英国国会，并通过公众募款筹集资金建馆。1759 年年初，大英博物馆在伦敦市区附近的蒙塔古大楼建立并对公众开放。当时，英国人在全球的扩张如日中天，从其冒险活动中获得了大量珍品。早期的大英博物馆倾向于收集自然标本，还有大量文物、书籍。到了 19 世纪初，蒙塔古大楼已经"库不敷入"了。19 世纪 40 年代，博物馆在蒙塔古大楼北面建了座新馆，蒙塔古大楼稍后被拆除。新馆建成后不久，院子里又建了圆形阅览室。1881 年，大英博物馆将自然标本分离出去，专门收集考古文物。1973 年，博物馆再次被划分，书籍、手稿等内容被分离到新的大英图书馆。2000 年 12 月，2436 块三角形玻璃片组成的大中庭在博物馆内建成并开放，它是欧洲最大的有顶广场。目前，大英博物馆分为 10 个分馆：古中东馆、硬币和纪念币馆、埃及馆、民族馆、希腊和罗马馆、日本馆、东方馆、史前和欧洲馆、版画和素描馆以及西亚馆，拥有藏品 800 多万件。

大英博物馆之所以可以有如此多的世界各地的重要文物，这是和英国的殖民史有着密切联系的。换句话说，大多数文物都是他们在 18、19 世纪时抢来的，主要受害国家有希腊、埃及、中国等。我们是受害者，有着沉痛的记忆。大英博物馆里藏有 2 万多件中国古代文物，包括敦煌文物、甲骨文、古画和古瓷器等。

当然，英国为保护这些文物也付出了巨大的代价——大英博物馆每年承担的维护、保安、研究和管理的开销巨大。大英博物馆至今免费开放，在经济每况愈下的今天，资金的巨大压力来自各方面，但它仍然惨淡经营，坚持免费，只是在入门大厅放着一个大大的捐钱缸。好像某任大英博物馆馆长说过，这些文物是属于全人类的，他们只是守护者，所以没有理由收费。可这话也就是说说，近年来希腊、埃及以及中国都在努力索回珍贵文物，但这位"守护者"仍然不肯放手。

大英博物馆属于综合性的博物馆，里面保存着人类发展史遗留下来的一部分珍贵文物，其中大部分都是精彩的艺术品。人类文明是有继承性的，而且艺术具有超越时间、超越空域的魔力，我们正是试图通过我们的先祖留下的以艺术形式保存着他们那个时代信息的物品来读懂他们的。人类不了解自己的历史，就像一个人失去了记忆。每一件古物都珍藏着一些传奇的故事，而且还有很多不为我们所知的传说。那些可敬的文物工作者穷其一生，试从历史遗留下来的物品中挖掘出这些信息。

大英博物馆大厅

古东方文物

下页两图是东方馆展出的东方艺术品。左图前面那件炻器是来自中国易县的八个罗汉坐像之一，后面的那幅画是敦煌壁画。画上的割痕清晰可见，时间没有完全消减原作优美的形态和辉煌的色彩，三位"丰肥浓丽"的菩萨依然雍容而庄严。

右图为是来自斯里兰卡的多罗菩萨（梵语 Tārā，意为"眼""妙目睛""瞳子""极度""救度"），又译为多罗母、多罗佛母、度母、救度佛母。佛教认为多罗菩萨是阿弥陀佛、观世音菩萨化身的女性菩萨，因此，有的经论、典籍又称之多罗观自在菩萨、多罗观音。《多罗菩萨本源记》说：观音菩萨在无量劫前，已普救无数众生。可是有一天，菩萨用她的慧眼观察六道，发现受苦的众生并未减少，顿生忧悲，双眼流

罗汉坐像

907—1125年　上釉炻器　高103cm
伦敦大英博物馆

多罗菩萨站像

7—8世纪　镀金铜像　高143cm
伦敦大英博物馆

出眼泪，眼泪变成了莲花，莲花又变成了多罗菩萨，接着又变出了21尊多罗菩萨。《多罗菩萨颂》说：二十一多罗菩萨是多罗菩萨的不同事业所化现的佛母，多罗菩萨则是二十一多罗菩萨所有功德的总集。多罗菩萨被认为是观世音菩萨因慈悲天下众生，伤心时掉下眼泪的变化身，所以是最慈悲的救世菩萨。

多罗菩萨的法相多为：一头二臂，双手分别持莲花和结印，坐在白色的莲花座上。而大英博物馆的这尊多罗菩萨是站像，身材纤细，姿态庄严优雅，面目慈悲；左手居胸结说法印，右手摊下结与愿印。

中国的古画也是大英博物馆的收藏对象，其中最为珍贵的是《女史箴图》。大英博物馆藏《女史箴图》带有显著的六朝遗风，很可能来自5—7世纪，是难得的早期绢本画作。

顾恺之，字长康，晋陵无锡人，东晋画家，出身于仕宦之家，后从师卫协，被尊为"画家四祖"之一。他也擅长壁画，青年时期在建康（今南京）曾作壁画《维摩诘》，轰动画坛。他的《女史箴图》依据西晋张华《女史箴》一文而作，依 12 段原文，原画亦有 12 段。但原作已失，现存后世摹本，仅存 9 段。作品描绘几个女子典范的故事，如汉代冯媛以身挡熊，保护汉元帝；再如班婕妤拒绝与汉成帝同辇，以防成帝贪恋女色而误朝政等。作品蕴涵了当时妇女应遵守的道德信条以及描绘了当时上层妇女的日常生活，真实而生动地再现了贵族妇女的娇柔、矜持、典雅端庄。画中人物形神兼备，色彩明丽、秀润。画家用笔精细连绵，如"春蚕吐丝"，韵味无穷。1860 年"火烧圆明园"后，这幅珍品被掠夺而流失海

女史箴图（局部）

仿顾恺之　5—7 世纪
绢本设色　高 24.37cm
伦敦大英博物馆

神奈川冲浪里

葛饰北斋
约1831年
浮世绘版画
24.6cm×36.8cm
伦敦大英博物馆

外，现收藏于大英博物馆。北京故宫博物院另藏有宋代摹本，纸本墨色，水平稍逊。

　　除了中国古画，大英博物馆还收藏了日本名画《神奈川冲浪里》。《神奈川冲浪里》是日本浮世绘画家葛饰北斋（Katsushika Hokusai）的代表作品。画家突出了绘画的主要对象——浪涛，让巨大的浪涛占据了主要画面，形成常用数学去刻画的冲击波。狰狞的浪头似乎要吞噬一切，浪谷里有条小船正在挣扎，船工的整齐用力也表明了人们正奋力与大浪抗衡。有意思的是，浪谷里出现富士山的轮廓，高大的富士山在大浪的映衬下似乎弱不禁风。画面是经典的浮世绘风格，细腻简洁的描绘却气势磅礴、气象万千，充满哲理和深刻的寓意。

古埃及文物

　　大英博物馆内的最早的展品应该是古埃及的文物。右图是大英博物馆收藏的来自埃及的《阿尼的纸莎草》（Papyrus of Ani），画的就是举世闻名的《死亡之书》。

　　《死亡之书》是古埃及流传下来的最著名的文献，是古埃及的一种陪葬物品。它是被用于帮助往生者在来世渡过难关、得到永生的咒语。通常这些咒语会被写在纸莎草上，并配以插图，先由祭司诵读，然后放入棺木。通常在出土的古埃及木乃伊附近都会找到富有神秘色彩的《死亡之书》。《阿尼纸莎草》，长达24米，制作精细，并附有彩色插图，图解冥神奥西里斯（Osiris）审判死者的经过。右页局部图描绘的是：狼头人身的阿努比斯（Anubis）是天平的掌管者，天平两端分别是阿尼的心脏和象征真理之神玛特（Maat）的羽毛。画面左侧的白衣人是阿尼夫妇，他们正在不安地观看仪式的进行。画面上方还有神灵组成的陪审团。周围的圣书体则记述着死者生前的功德。整幅图画描绘了人神共存的世界，反映了古埃及人对神灵的虔诚信仰和对死亡的理解。

　　这幅作品代表了古埃及绘画艺术的特色。古埃及绘画作品大多描绘场景，或表现现实生活，或表现神灵社会。在表现形式上，使用平直简练的线条刻画事物，将人物形象简化为一种作为生命载体的符号。画面色彩艳丽，人物轮廓清楚、动作老套、表情扁平，但非常简洁、生动。对于古埃及人来说，二维形象在魔力的作用下会化为三维实物，因此在用于陪伴往生者进入来世的纸莎草上，要尽可能完美地"复活"

阿尼的纸莎草（局部）

公元前1250年
纸莎草画　42cm×67cm
伦敦大英博物馆

原形。古埃及人还按照事物在他们心目中的地位来决定它们在画中的大小，比如在这幅作品中，阿努比斯、阿尼夫妇等因其地位的重要而被画得比其他人物高大。

《死亡之书》的内容非常丰富，它在发现之初曾被认为是埃及的《圣经》，后来人们又发现它非常"个性化"，但仍不失为研究古埃及的最好文献。大英博物馆还珍藏着抄写员胡内弗（Hunefer）的《死亡之书》。

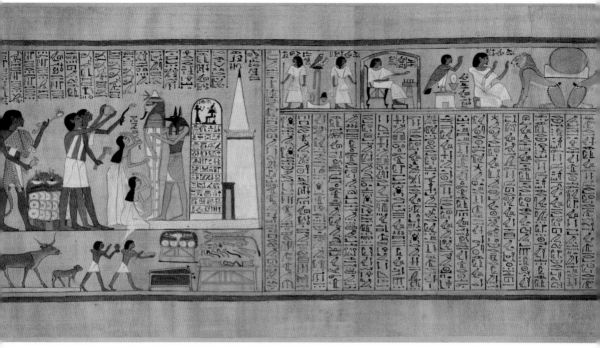

胡内弗的《死亡之书》（局部）

公元前1285年
纸莎草画　40cm×79.3cm
伦敦大英博物馆

　　和《死亡之书》联系在一起的自然是棺木。古埃及的棺木非常有特色，简直就是雕塑艺术品，正面是往生者形象，棺身上布满了圣书体和绘画，极具神秘感。据说大英博物馆保存的木乃伊比埃及博物馆的还多。下页左图就是在女祭司荷努特梅伊（Henutmehyt）墓里发现的3口镀金木棺。

　　大英博物馆的收藏品，件件是珍宝，然而有一件展品却意义非凡，这就是罗塞塔碑（Rosetta Stone）。这块石头于1799年由一位法国上尉在埃及罗塞塔市发现，随即被送到拿破仑在开罗建立的埃及研究所。1801年拿破仑败于英军后，这块珍贵的石头还没有来得及被运往法国就被英军作为战利品缴获。1802年，它抵英后以英王的名义被赠给大英博物馆。之后，除了第一次世界大战期间曾短暂外出躲避战火外，它一直待在博物馆里被参观者用惊奇的眼光加以审视。罗塞塔碑是一块公元前196年制作的大理石断碑，原本是一块刻有埃及国王托勒密五世（Ptolemy V）诏书的石碑。石碑最上面刻的是古埃及的圣书体文字，中间是古埃及的世俗体文字，下面是刻了同样内容的希腊文字。这就是解开古埃及象形文字的钥匙，因而也成为大英博物馆的镇馆之石。在古埃及的文物上，人们发现圣书体随处可见，就是因为这块石碑，人们才可以读懂这些圣书体，由此可见这块石碑的重要性了。

45

镀金木棺

古埃及新王国时期
彩绘木　206cm×59cm
伦敦大英博物馆

罗塞塔碑

公元前196年
花岗岩　112.3cm×75.7cm
伦敦大英博物馆

古希腊和古罗马文物

涅瑞伊得斯纪念碑（Nereids Monument）因其外形又被称为"海仙女神庙"，它是希腊 – 波斯和吕基亚（Lycia）当地风格的完美结合。它出土于土耳其西南的克桑托斯（Xanthus）古城，古城在古希腊时期是吕基亚的都城，据说神庙是为当时的统治者阿比纳斯（Arbinas）所建。英国人于 1848 年对古城进行了发掘，将许多文物带回英国，其中已毁坏的海仙女神庙被整体搬迁并在大英博物馆重建。这样，海仙女神庙便成为保存最好的古希腊时期神庙，同时在大英博物馆展出。海仙女神庙深受当时希腊流行的爱奥尼亚式风格的影响，因此推测其设计者和雕刻师都为当时的希腊人。

神庙正面的四根立柱中间分别站立着三尊女神雕像，对应的神庙殿内也有三尊女神像。虽然这些雕像全都没有了头部，但其优美的肢体姿态和

海仙女神庙

公元前 390—前 380 年
大理石
伦敦大英博物馆

丰富的衣着不得不令人赞叹。庙台的横饰带雕满了精美的战争画面和着波斯装的阿比纳斯及其随从的生活场面。由此可以一窥古希腊绚烂辉煌的雕塑和建筑艺术。

大英博物馆内还展出着从希腊弄来的帕特农神庙的原装装饰浮雕——埃尔金石雕。这些珍品由英国外交官托马斯·埃尔金（Thomas Elgin）购于奥斯曼帝国时期的土耳其，后又被卖给英国王室，最后到了大英博物馆。这些雕刻作品精美绝伦。想想曾壮丽辉煌的帕特农神庙现在空留数柱，只剩下一个空架子，怎不让希腊人闹心跳脚。希腊人一直在努力索回文物，但至今没有成功。

47

埃尔金石雕

公元前 447—前 432 年
大理石　鲁静摄
伦敦大英博物馆

举世闻名的《掷铁饼者》（*Discobolus*）则来自意大利，而非希腊。其原作为青铜雕像，由古希腊雕刻家米隆（Myron）创作于约公元前450年。这件作品是古希腊雕刻艺术的里程碑，显示希腊雕刻艺术已经完全成熟。

这件雕像取材于古希腊就流行且现在仍然活跃的体育竞技活动，它描绘了一名强健的男子在掷铁饼过程中最有表现力的瞬间，刻画了运动中的身体瞬间爆发出的人体的生命力。铁饼和运动员的头部相互呼应，形成一饼一球两个制高点，落地的右腿稳定一个轴心，张开的双臂像拉满的弓，带动了身体的旋转，增加了发射的联想。运动员的脸部却是一种高度专注的镇静，从容的面容与剧烈的动势形成了强烈对比。雕像突

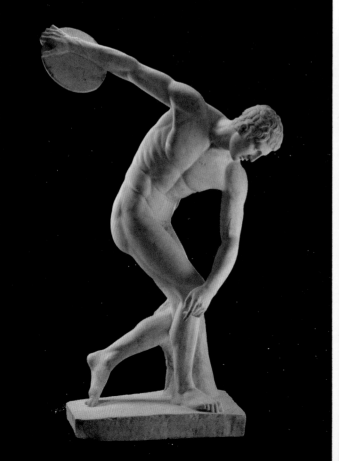

破了艺术在时间和空间上的局限性，在静中传递了运动的联想，把人体的和谐、健美和力量表达得淋漓尽致。这体现了古希腊的艺术家们在艺术理念、艺术表现力以及艺术技巧上的质的飞跃。这尊雕像被认为是"空间中凝固的永恒"，直到今天仍然是体育运动的最佳标志。

可惜的是青铜原作已遗失，现存数尊罗马时期的大理石复制品，罗马国家博物馆戴克里先浴场分馆、卡比托利欧博物馆均有收藏。大英博物馆收藏的这尊雕像有点特别，它也被称为"汤利掷铁饼者"（Townley Discobolus）。这尊雕像复制品于 1791 年在罗马附近的哈德良别墅被发现，后被英国的古董和艺术收藏家家查尔斯·汤利（Charles Townley）在罗马的一次公开拍卖中用 400 英镑买下。在重装过程中，雕像的头被装错了，而且很快就被人发现。但汤利坚持这是原装，这样的掷铁饼者更好。1805 年，这尊雕像被大英博物馆收藏。至于头到底应该朝哪个方向，见仁见智吧。

古两河流域文物

亚述王国（Assyria）是公元前 9 至公元前 6 世纪鼎盛于西亚两河领域的强国，虽然王国存在的时间不长，但是它创造了高度发达的文明，为世界文化留下了重要遗产。特别是已出土的亚述宫殿遗址大量的雕塑和浮雕在世界美术史上增添了精彩的一笔。亚述王国的几任国王都热衷于大规模的宫廷建筑，其中尤其以萨尔贡二世（Sargon II）在杜尔–沙鲁金城（Dur-Sarrukin，现霍尔萨巴德）内修建的皇宫最为壮观。人首翼牛像（Lamassu，带翅膀的人首公牛）就是该王宫大门两侧的守护神兽的雕像，这样的神兽雕像在各大博物馆中都可找到。有的雕像非常巨大，可高达 5 米。

掷铁饼者（左）

2 世纪　大理石
高 169cm
伦敦大英博物馆

掷铁饼者（右）

2 世纪　大理石
高 169cm
罗马国家博物馆
戴克里先浴场

49

人首翼牛像

公元前 865—前 860 年
雪花石 309cm×315cm 鲁静摄
伦敦大英博物馆

　　19 世纪 50 年代，大英博物馆收到来自中东的第一批石雕，它们是
在中东的尼姆鲁得（Nimrud）遗址挖掘出土的文物。其中一个人首翼牛
雕像差点没能抵达目的地，因为护送它的人员在途中遭遇了一群强盗的
伏击，双方交火时在雕像上留下的子弹的痕迹至今仍清晰可见。

　　大英博物馆中东馆内令人印象深刻的展品就是这对巨大的人首翼
牛像。这些雕像反映了制作者所崇尚之物：人的聪明头脑、牛或狮的
强壮无敌和飞翼所带来的广阔空间。这种向往是所有文化共有的，只
是表现方式不同。

大英博物馆阅览室一览

大英博物馆内还有个特别的地方，那就是大英博物馆阅览室。人类文明的传承，不仅通过文物，更是通过书籍。在博物馆里为书籍留有一席之地是大英博物馆的特点。

大英博物馆阅览室建成于 1857 年，原属大英图书馆。大英图书馆拥有约 600 万册藏书，凡在英国印刷的每一种图书，都要免费赠送一本给该馆。大英图书馆现已搬到了新馆，原址则改为大英博物馆的阅览室。这个阅览室仍然拥有许多珍藏书籍，它原本只供持有阅览证的人士使用，现在已向一般大众开放，你可以来这里在历史名人用过的椅子上坐坐。事实上历史上许多学者、名流、政治活动家都曾在这里博览群书，查找文献和研究写作。他们包括卡尔·马克思（Karl Marx）、列宁（Lenin）、弗里德里希·哈耶克（Friedrich Hayek）、马克·吐温（Mark Twain）、萧伯纳（George Bernard Shaw）和奥斯卡·王尔德（Oscar Wilde）等。马克思就曾经在这里写成了巨著《资本论》（Capital）。

大英博物馆内的阅览室

阅览室大厅四周全是两三层楼高的书架，阅览室中央是书桌并围成很多圈，顶部是巨大的穹顶彩绘。还有许多名人雕像竖立在书架前，使得阅读环境更有艺术人文氛围。

绘画馆收藏

除了古代文物，大英博物馆也收藏了一些较近代的著名画家的绘画作品。最后，我们以一位英国诗人画家来结束大英博物馆之旅。

中国画家喜欢画配诗，传世画作上常有题诗，诗画的意境也是贯通的，更有诗画两栖艺术家，如王维、苏东坡等大家。然而，在西方艺术史上，同时拥有画家和诗人桂冠的艺术家实在寥寥，威廉·布莱克（William Blake）是其中光彩夺目的一颗巨星。大英博物馆收藏了他的著名画作《古代的日子（版本 D）》（The Ancient of Days Copy D）。相比大英博物馆内那些远古的藏品，这件藏品可算非常近代了。

浪漫主义诗人、版画家威廉·布莱克是一个远离尘俗的天才，也是英国艺术史上最伟大的艺术家之一，其代表诗作有诗集《纯真之歌》（Songs of Innocence）、《经验之歌》（Songs of Experience）等，画作有《古代的日子》等。他的作品玄妙深沉，想象梦幻，充满神奇色彩。他出生在一个普通小商人家，没有受过正规教育。他一生坎坷贫困，与妻子相依为命，靠绘画和雕版的微薄酬劳过着简单的创作生活，他的超前、神秘和深刻在其生前一直没有受到热捧。直到70岁去世前，他还在用最后的先令买来炭笔为但丁·阿利吉耶里（Dante Alighieri）的《神曲》（Divine Comedy）创作插画。他去世后，诗人威廉·巴特勒·叶芝（William Butler Yeats）等人重编了他的诗集，才让他的伟大感动世人。后来，他的神启式的伟大画作也逐渐发光，作为诗人与画家的两栖艺术家，布莱克至此才确立了他在艺术界的崇高地位。

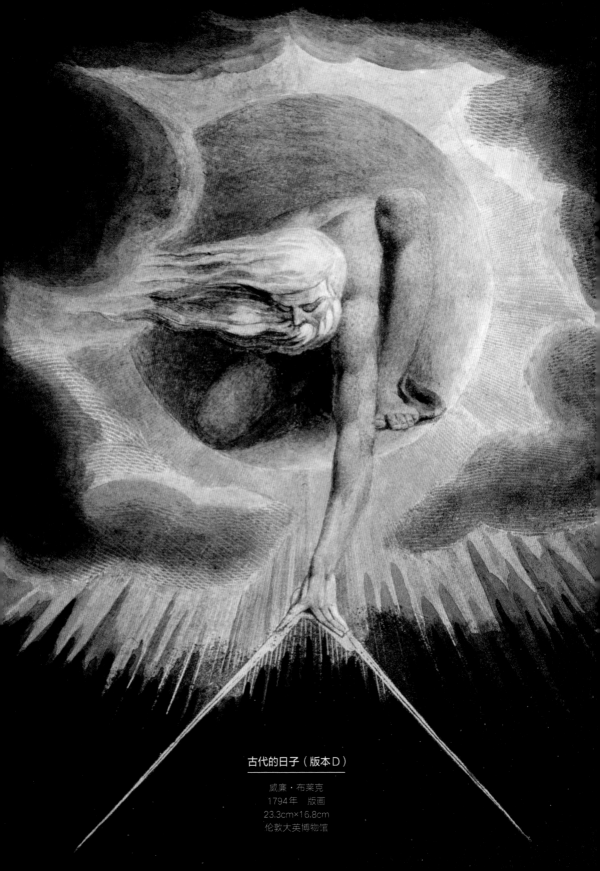

古代的日子（版本D）

威廉·布莱克
1794年 版画
23.3cm×16.8cm
伦敦大英博物馆

《古代的日子》是布莱克的预言集《欧洲预言》(*Europe a Prophecy*)的卷首插画，画的是尤瑞真（Urizen）。这位法律和规则的化身在天上用圆规掌控着地球，巧合的是圆规张开的形状恰似中文的"人"字。画面强烈暗示数学就是大自然的法则，画面表现出来的空间和时间感令人敬畏。

因为《古代的日子》是版画，由布莱克手工印制，所以每次印刷都是独一无二的。据说这幅画至少有 13 个版本，大英博物馆收藏的是版本 D。其诗画作品的巡展一直是各博物馆热衷的主题。

在布莱克生活的时代，工业革命已经深刻地影响了社会，艾萨克·牛顿（Isaac Newton）和戈特弗里德·莱布尼兹（Gottfried Leibniz）已经发明了微积分，但无穷大、无穷小还只是在学者们的论文里唇枪舌剑。我相信布莱克并没有读过这些数学论文，但也相信当时的思潮会影响到他。他拥有超人的直觉和极强的感悟，用自己的方式阐述了这些玄妙的概念。这样的观点在他的诗作中也有体现。

中国读者最熟悉的布莱克的作品恐怕是长诗《天真的预言》(*Auguries of Innocence*)的开篇：

To See a World in a Grain of Sand,
一沙一世界，
And a Heaven in a Wild Flower.
一花一天堂。
Hold Infinity in the Palm of Your Hand,
无限掌中置，
And Eternity in an Hour.
刹那成永恒。

（宗白华　译）

　　对于这首诗，几乎每个学英语的学子读到它时都跃跃欲译，之后也就出现了 N 个译本。今天如果用数学的眼光看，我们会发现布莱克将数学中无穷大和无穷小的概念用如此美妙的意境诗化了。回顾布莱克生活的时代——科学强劲发展、势不可挡，也就能理解他对科学的感慨了。这种规律引领的思想一直在他那个时代占统治地位，以至于后来阿尔伯特·爱因斯坦（Albert Einstein）都不相信"上帝会扔骰子"。我们在他的画中也可以感到其作品的"数学味"，他的另三幅画作《牛顿》（*Newton* ）、《雅各布之梦》（*Jacob's Dream* ）和《伟大的红龙和

牛顿

威廉·布莱克　1795—1805年
纸上彩印、墨水、水彩　46cm×60cm　伦敦泰特不列颠馆

身披太阳的女人》（*The Great Red Dragon and the Woman Clothed with Sun*）就是最好的例证。

《牛顿》中的大数学家、物理学家像是一个赤诚的自然之子，他正全神贯注地盯着手中的圆规（又是圆规），思考着自己的数学问题。

《雅各布之梦》也叫《雅各布天梯》（*Jacob's Ladder*）。布莱克的弟弟罗伯特去世时，悲痛的布莱克"看见"弟弟的灵魂穿过屋顶冉冉上升，"欢乐地拍着手"。他由此得到灵感，将《圣经·旧约》里雅各布做梦登天梯的故事画了出来。不同于其他许多画中天梯是直上直下的，布莱克的天梯是意味深长地螺旋上升的，形成一个三维圆锥螺旋线。整个画面极其"数学"。

《伟大的红龙和身披太阳的女人》中红龙和女人都"长"成了达·芬奇式人体圆的形状。《启示录》（*Revelations*）第十二章第一节："天上现出种种异象：一妇人披日踏月，头戴 12 星冠，正在分娩的痛苦中呼喊；一头红色巨龙，7 头戴 7 冠长 10 角，尾拖 1/3 星辰，在妇人前欲吞吃那将娩出的婴孩。妇人生下一男婴，立即被提到上帝宝座那里，将来他用铁杖辖管万国。妇人按上帝指引逃到旷野，她可以在那儿生存 1260 天。启示将出现新的天地。"通过布莱克的诗与画，我们可以感受那神启般意味深长的寓言。

雅各布之梦

威廉·布莱克
1799—1806 年
纸上水粉、水彩
39.8cm×30.6cm
伦敦大英博物馆

伟大的红龙和身披太阳的女人

威廉·布莱克　1805年
钢笔和灰色墨水加水彩、水粉　40.8cm×33.7cm
华盛顿美国国家美术馆

THE BRITISH MUSEUM

大英博物馆随记

　　第一个让我真正动心的文物类博物馆就是大英博物馆。当时是我第一次去伦敦，大英博物馆太有名，访问大英博物馆多少有点冲着它的名气为"到此一游"而去。然而，访问的结果却让我震撼。那种人类历史的厚重、古代文明的灿烂让人不得不感到敬畏。以后再去伦敦，只要时间允许，我都会去大英博物馆"淌"一"淌"。大英博物馆去过多少次，我已记不清了，它的藏品太多，每次去都会有不同的展览，都会有新的收获。马克思写出《资本论》的大英博物馆阅览室也让人神牵魂绕。我亲历了这个博物馆的扩容改建，新馆更加漂亮舒适。身在这座博物馆，不仅能体会建筑之美带给你的感受，而更多的是可领略到文物传递给你的历史意念。

　　据说我们的散落在世界各地的甲骨文以大英博物馆收藏最多，我却始终未睹其芳容。大英博物馆珍藏的中国文物，展出的不及收藏的 1/10，最珍贵的是很少拿出来展示的。作为一个中国人，站在大英博物馆里，我的心情是五味杂陈的：一方面为有机会近距离、全方位地欣赏人类古文明而暗自庆幸，另一方面又为国宝流失他国而扼腕痛惜。那敦煌壁画的割痕像是刺在心上，那圆明园瓷器的精美却是堵在心头。

　　当看到其他的古文明时，我还是为之倾倒。希腊的帕特农神庙宣示着宏伟，埃及的神像弘扬着庄严，印度的宝石戒指散发着神秘。还有木乃伊，据说这里精致且装有木乃伊的棺木比埃及博物馆的还多。我一直奇怪，英国历史并不悠久，怎么这么早就意识到这些东西的珍贵，还费时费力地把这些巨石巨木搬过来？而号称"文明古国"的当地人只拿一点点可怜的劳工费就起劲地帮那些外国人搬运自己家的国宝。只是不知道英国人的这种毁誉参半"抢掠"和"保护"到底应该如何评价？

　　我称赞英国为保护文物所做的努力。但我觉得，当文物之主后人的文物意识苏醒后，这些文物应该被"完璧归赵"。

Collection 3 埃尔米塔什博物馆

THE HERMITAGE MUSEUM

埃尔米塔什博物馆外景

　　埃尔米塔什博物馆（The Hermitage Museum）是世界最著名的博物馆之一，它最早是沙皇叶卡捷琳娜二世（Catherine Ⅱ）的私人宫邸。这位著名的女君主酷爱收藏，于1764年从柏林购进伦勃朗、鲁本斯（Peter Paul Rubens）等人的225幅绘画作品，后将之存放在由法国建筑师瓦林·德·拉·莫斯（Vallin de la Mothe）设计的冬宫侧翼小埃尔米塔什内。从那时开始，她便不惜一掷千金，不断购买欧洲市场上的名画，使这里逐渐成为世界艺术品的重镇。这些收藏也证明了这位女沙皇非凡的艺术鉴赏力和深远的收藏眼光。现在，冬宫与小埃尔米塔什、旧埃尔米塔什、埃尔米塔什剧院、冬宫储备库、新埃尔米塔什形成了一个总面积达 130 万平方米的古建筑群，与其中从石器时代直至当代的近 300 万件珍贵藏品一起组成了世界著名的博物馆——埃尔米塔什博物馆。

博物馆的基石——女沙皇的收藏

61

既然这家博物馆的历史与伦勃朗和鲁本斯有关，我们就从这两位画家说起。

自画像

伦勃朗·凡·莱因
1659 年
布面油画　84.5cm×66cm
华盛顿美国国家美术馆

伦勃朗·凡·莱因，荷兰画家，欧洲 17 世纪最伟大的现实主义画家，他的一生既享誉盛名，又历经蹉跎与坎坷。丰富的人生经历给予了他创作的灵感，塑造了不同时期的形象，创作了数量繁多的画作，形成了自己绘画风格。伦勃朗的作品体裁广泛，他擅长肖像画、风景画、风俗画、宗教画、历史画等。

埃尔米塔什博物馆收藏了许多伦勃朗的画，其中最有名的当属《浪子回头》（*Return of the Prodigal Son*）。伦勃朗在经历过丧妻、失子、事业低潮等各种人生的跌宕起伏和苦旅磨难后，更深刻地思考人生、信仰与绘画，并打造出一座辉煌的艺术殿堂。晚期的巅峰之作《浪子回头》是伦勃朗最有代表性的作品，画面极富故事感，人生的历练和沧桑、亲情的慈爱和包容被描绘得淋漓尽致，散发着浓浓的宗教情怀。画中人物形象、光线色彩以及结构框架都有独到之处。以《圣经》为题材的创作占其作品重要比重，他不仅用同时代的普通百姓形象来塑造其中的人物，还把对人生的丰富感悟渗透其中。《浪子回头》就彰显了人类崇高真挚的情感与伦勃朗的信仰告白。在此之前，伦勃朗的人生仿佛画中出走的小儿子一般任性。《浪子回头》呈现了画家强大的内心世界和信仰，支撑他在一无所有、受尽苦难的后半生依然创作出 17 世纪乃至人类艺术史上的巅峰之作。

浪子回头本是一则《圣经》寓言：任性离家的浪子花光所有的积蓄，用尽所有的力量，直到与猪为邻，才想起父亲的家是多么温暖。此前已经有很多画家描绘过这一时刻，但伦勃朗没有简单重复故事情节，而是对此赋予了更多的人文含义。画面中，伦勃朗用光线照亮了一对父子，使其他人物处于暗处。浪子身着褪了色的棕黄色内袍，双膝跪地，依偎

浪子回头

伦勃朗·凡·莱因
1668年
布面油画　262cm×205cm
圣彼得堡埃尔米塔什博物馆

63

在披着红袍的父亲的怀中，破烂的鞋子一只掉在地上，另一只已没有了鞋跟，只有腰上佩戴的那把短剑还能算是贵族的象征。浪子满身沧桑，饱受颠沛流离，低着头不敢仰望父亲，正在痛苦悔恨。虽然看不到浪子的脸，观者却能从画面上感受到浪子的表情。父亲虽然年迈苍老却慈祥宽容，他紧闭的双眼大概是因为思念小儿子而失明，粗糙的双手正颤抖地抚摸着儿子的后背，苍白的胡须下嘴唇正呢喃，似乎在叫着儿子的乳名。画面温暖而又感动。画面右边站着的那个双手交叉的人是浪子的哥哥，左边黑暗中几乎看不见的妇女应该是浪子的母亲，坐着的那个身穿官服的可能是地方官，他在见证这一难忘的时刻，官员边上的那位年轻人可能是浪子的儿子。联想伦勃朗的一生，他早年顺遂，中年落魄，在晚年创作此画时对人生已有了深入的思考，其绘画技巧也已登峰造极，或许这个浪子就有他的身影。在创作《浪子回头》时，他倾注了最后的力量，使用了炉火纯青的技法，投入了他最深沉的感情。浪子回头金不换呀！

很多艺术家都以《浪子回头》为题材创作了各种形式的艺术作品，这些作品收藏在世界各大博物馆。左图就是画在美国南卡罗来纳州大教堂彩色玻璃上的浪子回头的故事。

浪子回头

1907年　彩色玻璃
南卡罗来纳州大教堂

看过伦勃朗，我们再看鲁本斯的作品。彼得·保罗·鲁本斯，17 世纪佛兰德斯画家，早期巴洛克艺术杰出代表，西班牙哈布斯堡王朝的外交使节。鲁本斯出生于德国锡根，父亲去世后，少年鲁本斯跟随母亲回到了西班牙统治下的安特卫普，并在那里受洗天主教，宗教也就成为其十分重要的画题。鲁本斯的笔法洒脱自如，其作品整体感强，他将人文主义思想、文艺复兴时期留下的高超技艺和佛兰德斯民族美术结合起来，形成了一种气势宏伟、色彩丰富、运动感强和热情洋溢的独特风格。鲁本斯在欧洲艺坛盛誉不衰，各种规格的委托从欧洲各地源源不断地发来。其无穷的想象力、持续的工作力、旺盛的精力和丰富的产出都堪称传奇。

埃尔米塔什博物馆收藏了许多鲁本斯的作品，有风景，有人物，有宗教故事，有神话传说。《彩虹的风景》（*Landscape with a Rainbow*）就是其中的一幅。

彩虹的风景

彼得·保罗·鲁本斯　1632—1635年
布面油画　86cm×130cm
圣彼得堡埃尔米塔什博物馆

这幅田园风光的风景画并没有像一般的田园风光画那样以绿色为色彩基调，而是用了深棕黄色。画面的下方，一群欢乐的农夫农妇劳动之余正在休息，或吹笛，或调情，旁边是慵散的羊群和警觉的狗，然而这些都不是主要的。主要的则是作背景的远山中有一道横跨苍穹的彩虹，它照亮了村庄，也照亮了这些普通百姓。颜色加构图使得整个画面宗教含义浓烈，也使得这幅田园风景画有了一个精神层面的提升。

鲁本斯不仅把静态风景画得栩栩如生，而且还能将神话故事画得娓娓道来，让故事中的人物呼之欲出。埃尔米塔什博物馆收藏的众多的鲁本斯的画作中就有一幅有名的神话主题作品《维纳斯和阿多尼斯》（*Venus and Adonis*）。

维纳斯和阿多尼斯

彼得·保罗·鲁本斯
1610—1611年
木板油画 83cm×90.5cm
圣彼得堡埃尔米塔什博物馆

维纳斯和阿多尼斯是古罗马流传甚广的神话故事，美神维纳斯和美男子阿多尼斯的爱情故事也是艺术家们喜爱的创作主题。这是一个有关维纳斯的爱情故事，维纳斯的多情我们早有所闻，她的儿子丘比特似乎见证了她的所有情史，当然这次也少不了丘比特的身影。不过，据说这个阿多尼斯是维纳斯的最爱。这个故事源于古罗马诗人奥维德（Ovid）的诗歌，威廉·莎士比亚（William Shakespeare）在 1592 年写下了他的第一首叙事长诗《维纳斯和阿多尼斯》。故事梗概是：维纳斯爱上了人间英俊少年阿多尼斯，但阿多尼斯少不更事，不喜欢美神更喜欢打猎。维纳斯渴望得到猎手的爱，紧追不舍，可是阿多尼斯总不接受。一次，维纳斯又跟着猎手，向他表达爱慕，可是少年依然如故，欲摆脱美神，继续打猎。阿多尼斯刚要骑马，他的马却跟着另一匹雌马跑了，他被落下了。这给了美神机会，维纳斯终于得逞，收获了阿多尼斯的爱。维纳斯希望明天继续，但阿多尼斯说他要去打野猪。维纳斯闻讯脸色大变，因为她能预见那会有危险，便拼命阻拦他。可阿多尼斯不听，还是固执地离开去打猎了。不幸的是，维纳斯的预见得到证实，阿多尼斯被野猪刺死。维纳斯悲痛万分，哭泣着将猎手流的每一滴血，变作一株株美丽的白底纹格的紫色花。美神亲吻每片花瓣，如同亲吻猎手的面颊；美神嗅闻每朵花香，宛如吸入猎手的气息。伤心的维纳斯厌倦了世俗，从此隐归。

鲁本斯还创作了另一版本的《维纳斯和阿多尼斯》，现收藏于大都会艺术博物馆。两幅画都充分体现了鲁本斯的风格，画面动感强烈，人物刻画细腻精致。两幅画都选取了维纳斯阻拦阿多尼斯去狩猎的瞬间，一个是正面，一个是背面。画面情节都是阿多尼斯手持长枪急于离开，而维纳斯拼命挽留，小丘比特也抱着猎人的腿。跃跃欲试的猎狗已经要出发，象征猎人的心已飞向猎场，但情侣的双目仍然依依难分。埃尔米塔什博物馆收藏的那个版本更缠绵，背景中还有一对交颈的天鹅。

维纳斯和阿多尼斯

彼得·保罗·鲁本斯
约17世纪30年代
布面油画
197.5cm×242.9cm
纽约大都会艺术博物馆

　　很多画家都创作过这个主题，留下了多种版本的绘画作品，除了阻拦去狩猎的瞬间，也有维纳斯抱尸的瞬间。例如，提香（Titian）就创作过多幅《维纳斯和阿多尼斯》，分别藏于普拉多博物馆、华盛顿美国国家美术馆等地。普拉多版描绘的也是维纳斯阻拦阿多尼斯的瞬间，但动感更强。

　　有关维纳斯和阿多尼斯这个充满戏剧性的神话爱情悲剧，还有大量的文艺作品存在，除了绘画和诗歌，还有歌曲、小说、戏曲、歌剧等。

　　相同主题，不同创作者的创作风格就不同，鲁本斯作品的特点就是动感十足。我们再来欣赏鲁本斯另一幅动感更强的作品《强劫留西帕斯

维纳斯和阿多尼斯

提香
1554年　布面油画
186cm×207cm
马德里普拉多博物馆

的女儿》（*The Rape of the Daughters of Leucippus*）。《强劫留西帕斯的女儿》中的技巧高超、色彩华丽以及动作强烈的风格令人印象深刻。这幅画说的是这样的神话故事：神王宙斯与人类勒达（Leda）的孪生子狄俄斯库里（Dioscuri）兄弟把留西帕斯的两个女儿从睡梦中劫走，强行拉上马。画中两匹马和两对男女的交错动势占据了整个画面，色彩对比鲜明，头、手、脚"四射"，人仰马翻，很暴力，很热辣，极富运动感。人和马的肌肉骨骼所传达的呼声，男人和女人眼睛流露的狂野和恐惧，让人感到惊心动魄，充分表达了巴洛克艺术人体健美、表情传神、动作精准的特点。这种人和马姿势在现实中是决不能持续的，所以画家通过不能静止的动作来暗示动态，反映了那个时期人们处理动态的手法。在静止的画面上描述物理的动态，鲁本斯无疑是这方面的高手。

强劫留西帕斯的女儿

彼得·保罗·鲁本斯
1618年　布面油画
224cm×210cm
慕尼黑老绘画陈列馆

后印象派的代表

埃尔米塔什博物馆不仅收藏了经典的古典名画，还收藏了许多世界一流的近现代画家作品，例如后印象派代表人物高更。

保罗·高更（Paul Gauguin），法国后印象派画家、雕塑家、陶艺家。他的作品内容平实且奇幻，色彩奔放大胆，多采用平涂技法。

高更出生后不久，由于政治原因，全家移居南美洲秘鲁。航海途中，高更的父亲在船上病故。6年后，为了继承祖父的遗产，他们全家又回到法国。1865年，他中止学业，当了水手在远洋船上飘海，后又成为拿破仑号巡洋舰上的水兵。母亲病故后，他离开海军成了一名股票经纪人，并娶了一位富有的丹麦女子为妻，中产生活顺风顺水。1876年，他接触到了印象派，高更发现自己的一生只能属于艺术，从此艺术成为他毕生的情人，这彻底改变了他的生活。慢慢地，他的画在印象派画展中展出，后来他又同传统印象主义分道扬镳。1883年，高更辞职专心作画。由此，艺术充当的"第三者"最终导致了他家庭破裂。1888年，他到法国北部写生，在那里创作了《雅各与天使的搏斗》[*Jacob Wrestling with the Angel*，亦称《听布道后的幻想》（*Vision After the Sermon*）]，确定了其象征主义风格的路线，也让他完全形成了自己的风格。1891年，43岁的高更搭乘一艘法国货船来到太平洋上的法属热带岛屿——塔希提。岛上原始的山水风光、纯朴而善良的原住民让高更着迷，他废寝忘食，拼命作画。那段时期，他创作的人物多以当地原住民为题，绚丽的服饰，

塔希提岛的牧歌

保罗·高更
1892年
布面油画　87.5cm×113.7cm
圣彼得堡埃尔米塔什博物馆

优美的风光，充满异国情调、别有风味。他的画风也更加大胆，色彩更加鲜艳。埃尔米塔什博物馆收藏的这幅《塔希提岛的牧歌》（*Pastorales Tahitiennes*）布局精巧，极具装饰性，隐含简单才美的美学理念。高更直接用色彩强烈的色块描绘出的田园风光，将正在浣洗、吹笛的恬静少

雅各与天使的搏斗

保罗·高更　1888年
布面油画　72.2cm×91cm
爱丁堡苏格兰国立美术馆

　　女衬托得那么自然天真，浓郁的生活氛围中洋溢着神秘的气息。他这次
把水画成了红色，把大地画成了与红有着强烈冲突的绿色，使得热带风
情扑面而来，而少女的白裙更显得两位主角纯洁无瑕。几朵小花的刻意
点缀和那只悠闲的狗狗让人觉得天、地、人是那么和谐，天堂也不过如此！

　　两年后，他带着大批这样的作品回巴黎展览，但却未能被巴黎绘画界接受。1895 年，他重返塔希提，更加执着而专注地沿着自己的道路前行，直到 1903 年病故。他的作品后在巴黎被大规模展出，终于得到艺术界的承认和欣赏。高更的色彩技法和鲜明画风，对后来的野兽派画家产生了深刻的影响。

　　要了解高更的绘画作品的特点，一定要先看《雅各与天使的搏斗》。看到这幅画，我们首先感到的会是色彩冲击，画中的红黑白对比强烈：红色的土地、白色的帽子和黑色的衣袍充满南美的风情，想是早年在秘鲁的生活为他打上了深深的烙印。然而，农妇的装束又是法国式的。这不能不让人联想到：那角斗场是幻觉。画家用一根粗大的树枝将角斗场和画中的观众划分开来，而画家又选择了超凡脱俗的善男信女去当观众。红色隐含角斗的惨烈，几乎占据了一半画面的农妇的白帽以及白帽下小部分的黑袍又使得画面冷静下来，让农妇们并没有过多地卷入争斗，相反有点事不关己的意味。这些大大的白帽与缩小了的角斗者形成强烈对比，显示了画家的设计：当观众的农妇们才是主角，而角斗者只是农妇们的臆想。事实上，大部分的农妇并没在看，而是在低头祈祷。这种群体臆想是怎么形成的？题目点到，这听布道后的幻想。画面有鲜明的装饰效果，充满了宗教的气氛，又有后印象派不拘细节、在乎感觉的特征。

　　同为后印象派三杰成员，高更和梵高有着深厚的友谊，他们惺惺相惜，互相借鉴，经常一起作画，又经常为坚持自己的艺术理念而争论不休，甚至大打出手。他们的命运也很相似，他们的成就在生前得不到肯定，生活拮据，穷困缠身，而去世后画价连城。高更的晚年虽然困苦，却对人生有了更深的思考。他也一度迫于贫困交加，绝望到了自杀的地步，不过没成功。在被救之后，他产生了强烈的创作欲望。

我们从哪里来，我们是谁，我们到哪里去？

保罗·高更　1897—1898年　布面油画　139.1cm×374.6cm　波士顿美术馆

　　他把在梦中的幻想和在塔希提的生活感受结合起来，以"天问"的方式创作出《我们从哪里来，我们是谁，我们到哪里去？》（*Where Do We Come From? What Are We? Where Are We Going*？），并以最大的热情构思完成了这件巨作。

　　这是一幅充满哲理性的大型油画，和屈原的《天问》有诗画呼应的不谋而合。这幅画的平面手法使之富有东方的装饰性，而色彩基本属于同色系，并不像高更其他作品那么跳跃，但人体的色调仍然强烈突出，显示了主题所在。画面借用了笛卡儿式的解析方式，横向像是

数学的数轴，按时间展开。画面最右端刻画了诞生，像是数轴的原点；在画面的黄金分割处，一个成年人顶天立地，正在采摘果实，象征着人的黄金时代；而最左端的老者，暗示着人生的终点。在空间方面，远处有山有海，显示了人生在大自然中的宽度。背景中，高更画了一个看似印度神的神像，使得画面流淌出一种神秘的气息，也隐喻人生在精神上所企求的高度。画中的植物张牙舞爪，寓意着人生的艰难；画中还有些各种各样的小动物，寓示人生要相处的各种各样的同行者。画面右上方貌似在洞穴里相拥的男女隐喻着人生的两性关系。其他人正在做的各种动作暗示着人生所要干的事：吃饭、睡觉、哺育、看护、劳作、旅行、求学、思考、向往……斑驳绚烂、如梦如幻的画面处处蕴含着画家对生命意义的哲理性追问。

俄罗斯先驱艺术的标志

埃尔米塔什博物馆位于俄罗斯的圣彼得堡，当然收藏着俄罗斯艺术家的作品，康定斯基就是其中的世界级杰出代表。

瓦西里·康定斯基（Wassily Kandinsky），俄裔法籍画家，艺术理论家。康定斯基出生于莫斯科，后在莫斯科大学读法律和经济学。1896 年，他放弃大学的教职，前往慕尼黑学习绘画，俄国革命后返回莫斯科，1921 年回到德国并在包豪斯学院任教。他于 1933 年离开包豪斯，后定居法国，1944 年逝于巴黎近郊。除了绘画作品，他还有《论艺术的精神》（*Concerning the Spiritual in Art*）和《点·线·面》（*Point and Line to Plane*）等多部探讨抽象艺术的经典理论著作。这些理论著作被认为是现代抽象艺术的启示录，他本人也因此成为抽象艺术的先锋人物。在这些论著中，他不仅对色彩等绘画元素做了精辟的论述，还探讨了各种艺术形式之间的关系。他频繁应用几何，通过集合的基本元素——点、线、面，细致分析了结构和表达。

康定斯基也是一位卓越的音乐家，他有知觉混合的能力，可以听见色彩，描画音乐。他在《论艺术的精神》中写道："色彩好比键盘，眼睛好比音锤，心灵仿佛绷满琴弦的钢琴；艺术家就是弹琴的手，弹奏着各个键盘，令灵魂在冥冥之中震动。"这种特殊能力使得他的绘画作品引领潮流，独具魅力。他甚至把他的绘画作品命名为"即兴"和"结构"，仿佛它们不是绘画作品而是音乐作品。

康定斯基在《论艺术的精神》中有句名言："数是各类艺术最终的抽象表现。"因此，他的画中活跃着各种几何元素，他用这些元素来表达音乐和其他抽象概念。在他的画里，绘画、几何和音乐完美融合。他于 1913 年创作的《第六乐章》（*Composition* Ⅵ）就是他的抽象画代表作。

刚开始接触现代画的人都会有同样的困惑：画家画了什么？现代画所表现的内容不像古典画那样容易让人得到共识，观者需要在画中"找"

第六乐章

瓦西里·康定斯基　1913年
布面油画　195cm×300cm
圣彼得堡埃尔米塔什博物馆

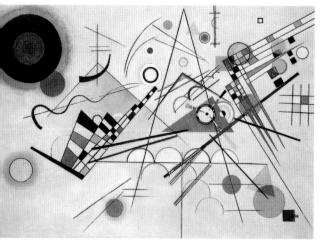

第八乐章

瓦西里·康定斯基
1923年 布面油画 140.3cm×200.7cm
纽约古根海姆博物馆

决定性的粉红

瓦西里·康定斯基
1932年 布面油画 81cm×100cm
纽约古根海姆博物馆

到画家的指引和暗示，并融进自己的经验和体会，完成一次再创作。康定斯基指出，产生这样的疑问源于人们太容易注重表象而忽视内在的意义。在《第六乐章》中，不同的色块，深浅不一地交融在一起，色块之间有一些几何线条将它们链接。好似在一个混沌的世界里有着一些不清晰的线索指引观者去探索。这些线索有的指向光明，有的带入混淆，有的纠缠不清，有的孤立无助。其实这种状态，每个有研究经历的人都会有同感。乐章的意义不止于此，不同经历的观者会得到不同的感受，或许这就是抽象画的魅力。

　　作为对照，我们再看一下康定斯基 10 年后创作的《第八乐章》

（*Composition Ⅷ*）。在《第八乐章》中，光线的明暗被淡化，几何结构更加明显。错落有致的几何元素——点、线、圆、三角以及多边形、弧环等形状和谐地交织在一起，组成了一种结构。也许画家想要表达一种音乐旋律，然而在数学家看来像是一种函数空间，地形学家看来像是一个城市地图，生物学家看起来像是一种生命体征，心理学家看起来像是一种精神状态……这种仁者见仁、智者见智的再创作，使得这幅画寓意深刻，层次丰富。比起古典画，现代画有着更强的表现力。

纽约古根海姆博物馆收藏的康定斯基作品还有《决定性的粉红》（*Decisive Rose*）。黄色的底色上分布着各色各样的简单几何形状，唯有右上方黄金分割处有一块粉红色的矩形区域，区域内的三角形看起来像一面风帆或旗帜。这就是全画的核心。画家大约想借此表达自己不畏艰险、坚定创新的决心。

一位和康定斯基同时代、同地域的先锋画家也在使用几何语言的抽象艺术领域攻城略地，插上了自己的旗帜，他就是马列维奇。然而，他走得更远、更极端，他的命运也更令人唏嘘。

卡西米尔·马列维奇（Kasimir Malevich），乌克兰画家，至上主义艺术奠基人。他出生在乌克兰基辅的一个小制糖作坊家庭，是 14 个孩子中的长兄，12 岁前根本不知什么是艺术。他最初接受的是严谨的西方美学教育，后和康定斯基等人一起成为早期几何抽象主义的先锋，最终以朴实而抽象或黑白或亮丽的几何形体，创立这个几乎只有他一个人独舞的至上主义艺术流派。他曾参与起草俄国未来主义艺术家宣言，俄国十月革命后参加左翼美术家联盟，1935 年在贫病中卒于列宁格勒（今圣彼得堡）。

埃尔米塔什博物馆收藏了他的代表作《黑色方块》（*The Black Square*）。他在这个系列中将几何元素和色彩用到了极致，充分地表现了他的艺术理念。黑白两色的极致表达，恰似对应了数学中的 0–1 规划、逻辑中的与或门、信息中的黑箱和白箱、决策中的"to be or not to be"（哈姆雷特的著名困惑）以及计算机中的二进制……

马列维奇曾说："所谓至上主义，就是在绘画中的纯粹感情或感觉至高无上的意思。"他在简化了绘画中的主题、物象和内容以及终极表现，用绘画最简的几何形状和黑白色表现接近于极限的意识。"无"成为至上主义的最高绘画原则。他说："对于至上主义而言，客观世界的视觉现象本身是无意义的，有意义的东西是感觉，因而是与环境完全隔绝的，要使之唤起感觉。""模仿性的艺术必须被摧毁，就如同消灭帝国主义

黑色方块

卡西米尔·马列维奇
1930年
布面油画　53.5cm×53.5cm
圣彼得堡埃尔米塔什博物馆

白色上的白色

卡西米尔·马列维奇
1918年
布面油画　79.4cm×79.4cm
纽约现代艺术博物馆

军队一样。"黑色广场体现了至上主义的主张。

　　1918 年，著名的《白色上的白色》（*White on White*）问世。这一标志着至上主义的终极代表作品，彻底异化了绘画的基本元素色彩，化光为白。那个白方块与底色融合，并从中微弱地浮现出来。在这幅画中，马列维奇突破了肉眼可见的层次，也越过用感觉品味的境地，将所有实际的概念虚化。画家所要表现的，是某种最终羽化或近似涅槃的状态。那模糊的边缘，就是这种状态遗留的具象痕迹。他说："方形（人的意志或许人）脱去它的物质性而融汇于无限之中。留下来的一切就是它的外表（或他的外表）的朦胧痕迹。"

马列维奇最具代表性的作品是《黑色方块》，以及同系列的《黑色圆形》（Black Circle）和《黑色十字》（Black Cross）等。他的一生画过了几幅黑色方块，第一幅画于 1915 年，其他都是在不同时期为不同的画展专画的。他自己也留下了至少一幅。他的黑色方块一经展出就引起巨大争议。有人评论道："我们失去了所钟爱的一切……我们面前，除了一个白底上的黑色方块，什么都没有。"现在这些黑色方块收藏在莫斯科和圣彼得堡的美术馆里，黑色方块已成为马列维奇的特别符号。在黑色方块里，他走向了另一个极端，就像数学中两个方向的极限。如果说《白色上的白色》表现了某种跃变，那么《黑色方块》则表现了彻底的沦陷和沉默。

相比后来跑到法国的康定斯基，马列维奇的晚年相当悲催。他画的黑白方块似乎宿命般地预示了他的人生结局。1926 年，他任职的彼得堡文化艺术学院被迫关闭。马列维奇的艺术理念与当局提倡的社会现实主义严重冲突，而后者是马列维奇一生都在反对的。后来，对他的批判进一步升级，他被剥夺了办画展、写文章的所有权利，之后又被捕并流放到西伯利亚。虽然他最后被释放，但他的健康已被摧毁。1935 年，他在贫病中离世。他的病榻上就放着一幅《黑色方块》，他的墓碑也是一个镶嵌着黑色方块的白色立方体。

马列维奇的艺术理念后在西方得到了广泛的肯定和欣赏。他的家人后来拿出了他后期创作的一幅《黑色方块》。当时市面上也流传着好几幅未经证实的《黑色方块》，毕竟这幅画太容易模仿了。最具讽刺意味的是，据说其家人拿出的那幅《黑色方块》的真实性的确定还是源于画布上的一枚指印，这枚指印与马列维奇在西伯利亚被监禁时留下的指印吻合。这幅画在 1993 年被英科姆银行（Inkom Bank）以 25 万美元买下。2002 年 4 月，此画再次被拍卖，估价 100 万美元，由一位慈善家买下后捐给埃尔米塔什博物馆。

俄罗斯巡回画派的珍品

在俄罗斯艺术史上，有个很重要的画派，叫巡回展览画派。随着农奴制度的解体，俄国迎来了文化艺术的繁荣。19世纪中叶，俄国批判现实主义文学运动高涨，画坛出现了著名的现实主义画派——巡回展览画派。这个集体存在于1870—1923年，由俄国现实主义画家组成，成立于圣彼得堡。

巡回展览画派对俄国19世纪后半期至20世纪初的绘画影响巨大，促使俄国的绘画艺术进入世界范围。这个画派在艺术上主张"没有思想就没有艺术"，画"必须反映生活中深远的思想，否则，不论它是什么形式，都不过是一张如实记录的照片"。他们提出艺术必须"到民间去"，绘画应该是"民族的"，应该关怀现实，"艺术家的使命……在于真实地再现生活"。

伊万·克拉姆斯柯依（Ivan Kramskoi）是巡回展览画派的组织者、领导者，同时也是其创作理念的身体力行者。克拉姆斯科依出生在一个贫苦的市民家庭，少年时代当过仆役、乡村的文书和照相底片修理工，后来因偶然的机会来到圣彼得堡，1857年考入圣彼得堡美术学院。他受革命民主主义思想的影响，成为学院中进步学生的公认领袖。1863年，以他为首的14个美术学院的毕业生，要求以自由命题来取代学院规定的脱离现实的画题，拒绝参加金质大奖赛，毅然离开学院，另组圣彼得堡自由艺术家协会；之后组建巡回艺术展览协会并举行巡回艺术展览，与学院举办的展览分庭抗礼。后来，巡回画展在19世纪80年代成为最爱俄国民众欢迎的画展，而美术学院的展览则门庭冷落，乏人参观。

玛丽亚·费奥多罗夫娜肖像

伊万·克拉姆斯柯依
1881年
布面油画　109cm×74cm
圣彼得堡埃尔米塔什博物馆

埃尔米塔什博物馆收藏了不少巡回展览画派的作品，其中就有画派创始者克拉姆斯柯依的肖像画作品《玛丽亚·费奥多罗夫娜肖像》（*Portrait of Maria Feodorovna*）。

玛丽亚·费奥多罗夫娜是丹麦国王的次女，也是沙皇亚历山大三世（Alexander Ⅲ）的妻子、俄国的皇后。因欧洲的皇室跨国通婚，出身于皇室的费奥多罗夫娜成了许多国家的皇亲国戚，不过她最重要的身份还是远嫁俄国后获得的皇后头衔。她一生跌宕起伏，身份尊贵无比，她的美丽是毋庸置疑的，在这幅肖像画里，画家重点表现的是她的非凡气质。虽然她打扮得珠光宝气，但是她眼神中流露出的坚毅和果敢更令人印象深刻，这不是珠宝可以提升的。

克拉姆斯柯依最有名的更是巡回展览画派代表作品的，当然是那幅做过无数次画册封面的《无名女郎》（*An Unknown Lady*）。克拉姆斯柯依以现实主义理念为内核，用古典造型手法塑造出一位19世纪俄国新女性的完美形象。不同于皇后，这次克拉姆斯柯依画的是位无名女郎。根据她的穿着打扮和坐车姿势，我们可以判断这位女子的身份定位。她没有穿着华丽服饰、戴着昂贵珠宝，而是有着一种入时得体、庄重典雅、体现文化修养品位的知性打扮。她侧身端坐，眼帘微垂，带着一种不屑。背景是雪后的朦胧街景，暗示着世间的冷酷无情。她的肢体语言和面部表情都在表明，她与这个世道格格不入。她冷眼蔑视，毫不附庸妥协，这隐含着当时一些民主主义知识分子对社会的态度。通过性格特点表现内在美，进而体现画家的美学观。克拉姆斯柯依画的这个女郎，与列夫·托尔斯泰（Lev Tolstoy）笔下的安娜·卡列尼娜（Anna Karenina）是同一时期的人物，因此有人说这位无名女郎就是安娜·卡列尼娜。画家在像画中展现的青春活力、个性十足、有独立人格的俄罗斯女性形象有着强大的感染力，它也成为世界闻名的肖像画。

无名女郎

伊万·克拉姆斯柯依
1883年
布面油画　76.1cm×102.3cm
莫斯科特列恰科夫美术馆

巡回展览画派的另一代表作是列宾创作的《伏尔加河上的纤夫》（*Barge Haulers on the Volga*）。列宾两度前往伏尔加，深入观察纤夫生活，才画出了这幅成名作。

伊里亚·列宾（Ilya Repin），俄国画家，巡回展览画派重要代表人物。他早年在圣彼得堡美术学院学习，1873—1876 年前往法国、意大利，边旅行边学习欧洲美术，回国后创作了大量的历史画、风俗画和肖像画。1878 年，他加入巡回艺术展览协会。他的代表作品有《伏尔加河上的纤夫》《意外归来》（*Unexpected Visitors*）、《查波罗什人复信土耳其苏丹》（*Reply of the Zaporozhian Cossacks to Sultan Mehmed Ⅳ*）及《托尔斯泰肖像》（*Portrait of Lev Tolstoy*）等。

《伏尔加河上的纤夫》描绘了沙皇统治下俄国人民的艰苦生活，充分体现巡回展览画派的现实主义理念。列宾把画笔直触受压迫的最底层劳苦大众。这群生活艰难的纤夫有着坚强毅力，奋力拉拽着沉重的生活。烈日酷热下，漫长荒芜的河滩边，一群衣衫褴褛的有老有少的纤夫们拖着后面的货船，步履沉重地挪动着。一曲压抑低沉的号子，或许就是"伏尔加船夫曲"，骄阳下汗水与河水的混吟从画面回荡飘出，震撼人心。在这幅画的形制为狭长的横幅。基本色调是黄色，是太阳的颜色，也是沙滩的颜色。背景选用的是无边的天空，过强的阳光反而显得远处的天空昏沉，空间空旷，充满孤独无助之感。纤夫脚下的沙滩一片荒芜，与河水交融，被河水冲得深浅不一，只有几根树枝和破筐点缀，让人感到踩在上面很不牢靠。但就在这不平、荒漠和不坚实的平台上，11 个纤夫犹如一组迸发力量的雕像，虽然衣衫褴褛，虽然步履艰难，虽然饱经沧桑，但从纤夫的心灵深处流淌出的坚毅和画家饱含深情的烘托，使得这幅画具有了欲将爆发的张力和强烈的感染力。

伏尔加河上的纤夫

伊里亚·列宾
1870—1873年
布面油画　131.5cm×281cm
圣彼得堡俄罗斯国家博物馆

1870-73

文化人物雕塑

埃尔米塔什也收藏大量顶级的雕塑作品，例如法国著名雕塑家让－安东尼·乌冬（Jean-Antoie Houdon）的《伏尔泰》（*Voltaire*）。

伏尔泰本名为弗朗索瓦－马利·阿鲁埃（François-Marie Arouet），伏尔泰是他的笔名。他是启蒙思想家、文学家、哲学家、作家，主张开明的君主政治，强调自由和平等，是18世纪法国资产阶级启蒙运动的泰斗，被誉为"法兰西思想之王""法兰西最优秀的诗人""欧洲的良心"。伏尔泰反对君主专制制度，提倡自然神论，批判天主教会，主张言论自由。他被广泛传颂的一句话是（但据说是后人总结，并非伏尔泰本人所说）："我并不同意你的观点，但是我誓死捍卫你说话的权利。"这尊坐像制于伏尔泰经过多年流放，重新回到巴黎之后。暮年的伏尔泰满脸沧桑，但眼神仍然坚毅、智慧。乌冬简直把伏尔泰的神情雕活了。

伏尔泰

让·安东·乌冬
1781年
大理石 高138cm
圣彼得堡埃尔米塔什博物馆

博 物 馆 艺 术 拾 珍

THE HERMITAGE MUSEUM

埃尔米塔什随记

　　埃尔米塔什一直向往，还没成行，现在只是一名网客。今天的技术发展与国际交流大大缩短了我们和博物馆之间的距离。

　　2018 年年初，上海博物馆举办了俄罗斯国立特列恰科夫美术馆的巡回展览画派巡展。我有幸在家门口参观了这个巡展。展览分学院与传统、巡回与先驱、自然与情怀、人物与个性、历史与现实以及求新与探索 6 个部分，展出了巡回展览画派的风俗画、肖像画、风景画、历史画等类型代表作。展出的包括《无名女郎》在内的珍品比比皆是，我的第一感觉是特列恰科夫美术馆是不是把家底都搬来了？它自己在俄罗斯的老家还开不开门？不过，这次展览的确让我全方位地了解了俄罗斯巡回展览画派及其所达的艺术高度。我非常喜欢。更让我惊讶的是，一般巡展都收很贵的门票，这么高水平的展览居然是免费的。

Collection 4　大都会艺术博物馆

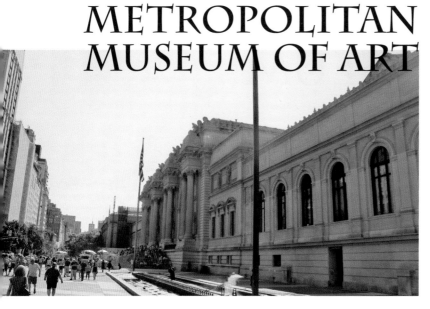

METROPOLITAN
MUSEUM OF ART

大都会艺术博物馆正门

　　大都会艺术博物馆（Metropolitan Museum of Art）位于美国纽约，是世界上最大的艺术博物馆之一，其主建筑物面积约有 6 万平方米，馆藏有 200 多万件艺术品，整个博物馆被划分为 17 个馆部，在众多永久艺术收藏品中，有欧洲、古埃及、非洲、亚洲、大洋洲、拜占庭和伊斯兰艺术品及美国现代艺术作品。博物馆同时展出世界各地的乐器、服装、饰物、武器和盔甲。博物馆的室内根据不同历史时期、不同地区的风格设计，别有风味。这个博物馆于 1870 年由美国一群商人、金融家、艺术家与思想家发起筹建，两年后开幕，经不断扩建，现在的规模已是当初的 20 倍。在我看来，大都会已远远超出了艺术馆的范畴，它还具备文史馆和综合馆的风范。它还有一个特点就是，藏品涉及无论是时间还是地域，它都是超一流的。

大都会古埃及馆

叹为观止的古代文物

　　大都会的古代馆包括古埃及、古两河流域、古希腊和古罗马地区的
丰富文物。这些文物不仅具有巨大的考古价值，而且也是精美的艺术品，
更是人类的远祖早已将生活艺术化的显示。

装饰公羊的储存罐
————
伊朗
公元前4000—前3600年
彩绘陶器　直径53cm
纽约大都会艺术博物馆

斯芬克斯

公元前530年
大理石　高142.6cm
纽约大都会艺术博物馆

塞壬雕像

1571—1590年
青铜　81.6cm×113.7cm×34cm
纽约大都会艺术博物馆

左页上图的古希腊斯芬克斯被置于一个 4.24 米高的柱子顶端。与我们熟知的古埃及斯芬克斯不同的是，这个狮子不是趴着的，而是半蹲的；它的面部不是法老像而是希腊神像，雕像还带有翅膀。这尊雕像可以让人看到古埃及文化对古希腊文化的影响，进而了解人类文明的继承性。

塞壬（Siren）指希腊神话中的海妖，是福耳库斯（Phorcys）和缪斯（Muse）的三个女儿，各个美若天仙，背部长有翅膀，下身为双鱼尾。著名咖啡连锁店星巴克的商标就是以她为蓝本。塞壬以吃人为生，宙斯为了阻止她们继续吃人，把她们关在了一个岛上。从此，只要有船路过那个岛，船上的水手就能听见天籁般的歌声。塞壬以此诱惑水手上岸，进而吃掉他们。

大都会收藏的罗马时期的青铜塞壬头戴神盔，上身赤裸，双手展开，拉起双鱼尾。一如罗马时期雕塑作品的特点，这尊塞壬雕像细腻精致，造型舒展优美。

除了西方文物，来自东方的藏品同样精彩。几乎占满整面墙壁的巨大彩墨壁画是来自中国山西省洪洞县广胜下寺的元代壁画《药师经变》。画中药师佛结跏趺坐于莲花座上，日光菩萨和月光菩萨侍于两侧，两旁立有八大接引菩萨、十二神将，护佑各地信奉药师佛的众生。

药师佛是佛教中一位重要的佛。佛教徒修行的法门很多，因为佛教传入中国后逐渐形成不同的宗派，每个宗派都有自己修行的"不二法门"。年老多病者喜修药师法门。经变画的风行，无疑是符合佛教向劳苦大众普及的发展趋势的，它使佛教的传播变得简单化、普及化和大众化。敦煌莫高窟有一幅《药师经变》，画的是七佛药师像，一字并列。敦煌莫高窟的《药师经变》主要表现药师佛和他的 6 个分身，

药师经变
220窟　初唐　壁画　敦煌莫高窟

大都会博物馆的《药师经变》则表现药师佛和日光菩萨、月光菩萨在一起。日光菩萨和月光菩萨与药师佛有着密切的关系。《本生经》中的故事说：在久远的过去世，有一梵士养育两子，一名日照，一名月照。这位梵士修行成佛后，即是药师佛。跟随他一起修行的两个儿子，则修成日光菩萨和月光菩萨，成为药师佛的重要辅佐者。这就是在大都会馆藏《药师经变》壁画中药师佛端坐正中、左右两胁为日光菩萨和月光菩萨的由来。佛教经典常有多种译本，根据不同译本绘制的经变画，画面自然有所不同。

大都会艺术博物馆收藏的巨型壁画《药师经变》绘于元代，即 13—14 世纪，迄今已有七八百年，具有十分宝贵的历史文物价值。从艺术的角度看，这幅壁画继承了中国民间壁画艺术源远流长的优秀传统，又融入了中国佛像绘画的技法。佛像的造型，沿袭了唐代以丰满肥胖为美的审美情趣，药师佛及日光菩萨、月光菩萨的脸庞皆圆若满月，慈眉善目，借"法像"展示其慈善、宽容、智慧、禅定的内心世界。除端坐正中的药师佛身着袈裟、袒露前胸，其余菩萨、神将都是穿着类似中国士大夫那样的长袍宽带，显得俊逸潇洒。衣服的皱褶，自然生动；衣服的质感，薄如蝉翼，凸显"秀骨清像"，名士气韵。我们虽然不知道这幅壁画的作者是谁，但从壁画的风格及艺术成就可以看出，它继承和发扬了自魏晋南北朝僧佑、戴逵到唐代画圣吴道子的佛像艺术的传统技艺，堪称上乘艺术作品。

关于剥画出售的经过，《重修广胜下寺佛庙序》说得十分明白："去岁（1929 年），有客远至，言佛殿绘壁，博者者雅好之，价可值千余金。

药师经变

1319年　壁画
751.8cm×1511.3cm
纽约大都会艺术博物馆

僧人贞达即邀士绅估价出售。众议以为修庙无资、多年之憾，舍此不图，势必墙倾橼毁，同归于尽……"壁画遂以 1600 块大洋作价，被卖给文物贩子，最后辗转流传美国 ❶。

根据博物馆的说明，这幅壁画是美国医生阿瑟·M. 赛克勒（Arthur M. Sackler）于 1964 年以他父母的名义捐献给大都会艺术博物馆的。赛克勒对中国怀有深厚的感情，他曾募捐支持白求恩大夫来中国参加抗战。20 世纪 70 年代，他受中国政府邀请，为中国公共卫生事业提供咨询。赛克勒热爱中国文化，他收集中国文物并慷慨资助研究和保护中国古代文物的工作。20 世纪 90 年代，他资助建立北京大学赛克勒考古与艺术博物馆。

----

❶ 关于药师经变的文字参考段立生的文章《大都会博物馆藏"药师经变"壁画解析》。

大都会收藏的中国庭院

大都会的非洲馆

异域神奇的非洲文物

非洲的原始艺术夸张、生动，很多藏品都是殖民者在当地获得后捐赠给博物馆的。虽然这些艺术品大都没有留下创作者的姓名，但我们仍然赞叹其所达到的艺术水平，甚至在今天的现代艺术中还可以看到那些艺术理念的影子。

下页左图那件尼日利亚太后的垂饰面具雕得极为精美，是贝宁雕塑的典范。贝宁雕塑包括铜雕、牙雕、木雕等，是非洲最具有震撼力的雕塑艺术，可与古希腊、古罗马等高度发达的雕塑艺术媲美，是世界艺术中的宝藏。这类雕塑采用失蜡法铸造，用于装饰宫殿的立柱和横梁，图案有赞美国王，有记录宫廷生活，也有描述典礼仪式，记录下古代非洲灿烂的文明。

这件象牙面具是一个典型的非洲女性的面孔，据说是 16 世纪的作品。前额覆着一片小卷发，后有被装饰成像是一排男女娃娃相间的奇怪且繁复的发型，非常有想象力。

木雕神像

多米尼加
974—1020年　木、贝壳
68.5cm×21.9cm×23.2cm
纽约大都会艺术博物馆

垂饰面具

尼日利亚　16世纪
象牙、铁、铜
23.8cm×12.7cm×8.3cm
纽约大都会艺术博物馆

在西班牙人 15 世纪到达加勒比海岛屿之前的几个世纪，泰诺人用不同的材质，如木头、石头、骨头和黏土，创作了各种尺寸的艺术品，用于日常生活和各种仪式。上页右图这尊被大都会收藏的神像，以人为蓝本，却五官夸张，神情狰狞，隐含威慑。据说泰诺人现已基本绝迹，但他们的艺术却具有超强的生命力流传了下来。

繁缛细腻的伊斯兰文物

下面是一个充满伊斯兰风情的壶罐。表面镂空雕刻了错综复杂的图形花纹，其中隐藏着哈耳庇厄（Harpy）、斯芬克斯（Sphinx）、四脚动物和卷形物，反映了文化交流融合的特点。整个波斯壶罐外覆着透明的绿松石釉。有意思的是罐口还有伊斯兰诗人写的加注日期，罐底还有一首无名爱情诗。

带哈耳庇厄和斯芬克斯的镂空壶罐

1215—1216年
绿松石、釉下彩
高20.8cm，直径16.8cm
纽约大都会艺术博物馆

大都会的伊斯兰馆　　　　　　　　　　　　　大都会的欧洲馆

顶级的欧洲绘画收藏

既然是艺术博物馆，那么绘画就是少不了的，大都会收藏了大量各个时代世界顶级绘画作品。这里我们只能挑几幅讲讲。

文艺复兴时期，除了达·芬奇、米开朗基罗和拉斐尔这三杰，在欧洲北部有一位杰出的艺术家对几何画法、数字幻方和测绘数学做出了重大贡献，他就是阿尔布雷特·丢勒（Albrecht Durer）。

丢勒是德国油画家、版画家、雕塑家、艺术理论家和建筑学家，北方文艺复兴的代表人物，其作品包括木刻版画、铜版画、油画以及素描，他也是名数学家和工程师。同时身兼数学家的艺术家的寥若晨星，而丢勒就是其一。他在其最著名的自画像中把自己画得有点像耶稣。

丢勒是一名金匠的十几个孩子中的一个。丢勒少时曾拜师学手艺，师父恰巧是一位艺术家，于是他边工作边学习绘画、雕刻、印刷和木刻，这段经历影响了他艺术和数学的生涯。除了两次前往意大利和荷兰旅行，丢勒的一生几乎都在德国的纽伦堡生活。现在，纽伦堡就有一个城堡是他的博物馆，名叫丢勒馆（Albrecht Durer's House），他在那栋城堡里度过了最后的时光。丢勒将他对人体比例的研究写在了他的《人体比例四书》（*Four Books on Human Proportion*）之中。他借用几百个模型，深入研究男人和女人身体的各个部分之间的比例。

丢勒在数学上的贡献主要收集在他的《测度四书》（*Four Books on Measurement*）之中。他分别研究了线性几何、高维几何、射影几何等各种几何体及其在建筑学、工程学和活版印刷方面的应用。在书中，他将欧几里得（Euclid）和托密勒的方法应用得游刃有余，成果卓著。

自画像

阿尔布雷特·丢勒
1500年　木板油画
67.1cm×48.9cm
慕尼黑老绘画陈列馆

当然，虽然他研究数学是为了艺术，但不妨碍他在数学上的成就，他将他研究的数学结论写成了书，其中一些工作是原创而且精确的。他在多面体平面展开、圆锥曲线方面都有自己的独到见解，他还发展出一些有助于艺术家们应用透视画法的机械工具。他的数学研究对他的艺术和其他创作的帮助是巨大的。提出图形描绘的概念可以说是丢勒的一项功劳。他说明了罗马字母的几何结构；他为哥特体字母设计了他自己的数学方法；他甚至还提出了 0–1 率，来代表图像元素的缩略语。后来，这成为计算机监视器上比特的视觉二进制表示的像素，是计算机所能拥有的最小信息单位。

丢勒留下大量的版画作品，这些作品工艺精湛，形象生动，层次分明，细腻动人。由于版画木刻多半是黑白的，因此透视效果无法借助色彩，而丢勒在其上对透视的精准应用展示了他深厚的理论基础和艺术功底。其中最有名的代表作就是版画《梅伦可利亚Ⅰ》（*Melencolia Ⅰ*，下用其另一译名《忧郁》），后人称之为其精神和理性的自画像。

古希腊医学之父希波克拉底（Hippocrates）认为，人有黏液质、多血质、胆汁质和忧郁质 4 种气质。忧郁质的代表元素是土，星宿象征是大地之神的女儿，动物象征是狗。那时，人们认为忧郁质为艺术家、哲学家和神学家所特有的气质。在丢勒的《忧郁》中，象征大地之神的女儿梅伦可利亚是一个背有双翅、支颐而坐的恬静少女，她的表情忧郁深沉，少女旁边还有一个同样忧郁地捧着小框的小天使，少女脚边正在睡着的狗狗就是动物象征。她周围的东西也极富象征意义。画面左上远处是灯塔和彩虹，照亮画题 Melencolia I，与其本身忧郁主题形成强烈对比。多面体、球体、圆规、尺子代表几何学，刀、锯、刨、锤代表工程学，船锚、指南针代表航海学，天平、沙漏钟代表科学。最有意思的是少女头顶上代表数学的 4×4 幻方。幻方上的每排（列）的数字横（竖）

忧郁

阿尔布雷特·丢勒
1514年
木刻版画　24cm×18.5cm
纽约大都会艺术博物馆

《忧郁》里的幻方

Int Iaer ons Heeren 1515 den eersten dach Mey, is den Coninck van Portugael tot Lisbona gebracht uyt In-
dien een aldusdanigen dier geheetē Rinocerus, ende is van coleure gelijck een schiltpadde met stercke schelpen becleet, ende is vande
groote van eenen Oliphant, maer leeger van beenen, seer sterck et de weerachtich, ende heeft eenen scherpen hoorn voor op sijnen neuse, dien wettet
hy als hy by eenige steenen comt, dit dier is des Oliphants doodt-vyandt, ende den Oliphant ontsieget seere, want als dit dier hem aen comt, soo loopet hem metten hoorn
tusschen de voorste beenen, ende scheurt hem alsoo den buyck op, ende doodt alsoo den Oliphant: Dit dier is alsoo gewapent dat hem den Oliphant niet misdoen en can, oock isset
seer snel, lichtveerdich, ende daer by listich, &c. Desen voorgestelden Rinocerus wert van den voornoemden Coninck gesonden naer Hoochduytslant by den Keyser Maximilianu,
ende vanden hoogh-geroemden Albertum Durer naer t'leven gecontersseyt alsmen hier sien mach.

1515
RHINOCERVS

犀牛

阿尔布雷特·丢勒
1515年　木刻版画
21.4cm×25.4cm
伦敦大英博物馆

加起来都是 34，这是著名的斐波那契数列中的数字。而且对角线上元素
的平方和 748 或立方和 9248 等于非对角线上的元素平方和或立方和。
幻方最下面一行中间的两个数字 15、14 正是这幅画创作的年代 1514 年，
丢勒当时正好 43 岁，是 34 的镜像。这种直接将数学研究成果放在艺术
品里真是神来一笔。在神话传说中，几何、工程和科学都由大地之神来
掌控，而这个内秀外忧的少女就是思想家、科学家和艺术家的化身。这
个化身手中握着的正是象征几何的圆规！可见几何在画家心目中的地位。

　　丢勒对比例的研究出神入化，一个实证就是他的木刻版画《犀牛》
（Rhinoceros）。丢勒创作这幅画时并没有见过实体犀牛，他仅凭着一
幅由不知名画家画的印度犀牛的素描以及他对解剖学的理解和对比例的
研究，就将犀牛创作了出来，他的想象居然与实体的犀牛八九不离十。

需要指出的是，画中犀牛的身体构造并不完全正确，尤其是脖背上那个小尖角，真的犀牛是没有的。丢勒的版画风靡了欧洲，被大量拷贝。相当一段时间内，人们都相信，犀牛的真正模样就是这幅画中的样子，真犀牛的脖背上就是有这么一个小尖角。有人曾这样说："再没有动物图画像丢勒的《犀牛》般对于艺术影响深厚。"今天，我们可以用数学的方法进行建模，根据弹性力学的原理和生存最优化选择估计出四足动物的身长体重比例，但并没有掌握这些现代数学工具的丢勒对这头从未见过的大型四足动物的精准刻画是令人惊叹的。

109

欧洲的绘画一直有一种隐约的科学底线，丢勒是这样，卡纳莱托也是这样。卡纳莱托（本名 Giovanni Antonio Canal，大家都叫他 Canaletto），意大利风景画家，尤以准确描绘威尼斯风光而闻名。他在作品中将精准的建筑细节与明亮的色彩结合起来。卡纳莱托出生于威尼斯，跟随父亲开始职业生涯，在威尼斯和罗马画舞台场景。1720 年左右，他转向风景画创作。很快，他的威尼斯风光画受到游客的欢迎，被作为特产大量买走。卡纳莱托的有些风景画，将真实建筑置于想象的背景中。

圣马可广场是卡纳莱托很喜欢的主题，他在同样的角度画了多幅《圣马可广场》，连太阳的位置都差不多。该系列风景画结构工整，透视精确，最重要的钟塔立于黄金分割的位置，在阳光下色彩明亮细腻。初看，以为这几幅画是同一幅，仔细一看会发现建筑有增，其上的软装饰有所不同。更主要的是，广场上三三两两的人群和他们的服装以及天上的云是不同的。唯一不变的是那高耸入云的钟塔，这座记载时间的钟塔好像历史老人俯瞰着广场上的芸芸众生。画面寓意深刻，极富沧桑感。大都会收藏的这幅是卡纳莱托 18 世纪 20 年代画的，作对比的另一幅则是十年后的作品，相比之下颇有"雕栏玉砌应犹在，只是朱颜改"的意境。

圣马可广场

卡纳莱托
18世纪20年代
布面油画　68.6cm×112.4cm
纽约大都会艺术博物馆

圣马可广场

卡纳莱托
1730—1734年
布面油画　76.2cm×118.8cm
哈佛大学福格艺术博物馆

　　欧洲绘画中科学底线到了梵高那里，简直成了科学幻想。大都会收藏了好几幅梵高的画。在梵高作品难求的情况下，这是很难得的。梵高，这位易激动的神经质艺术家，感性地宣泄着流淌在情感里的抽象的"动"。他在短暂一生中探索表现主义的绘画语言，表达内心情感，让响亮浓重的色彩对比发挥到极限，留下大量杰作。在他的画中，那富于激情的笔触使他的麦田、柏树、星空等有如火焰般升腾、跳跃、旋动，震撼观者的心灵，强烈的情感完全溶化在色彩与笔触中。梵高有许多自画像，大都会收藏的这幅正和他的"意识流"一起奔腾。欣赏过梵高的画，我们就会一直感叹梵高到底有一双什么样的眼睛？这双眼睛为什么可以穿透重重叠叠的表面障碍，看见现象的本质？为什么可以超越茫茫漫漫的时间空间，看到未来人们才能了解到的事实？而这些东西又是如何通过他神奇的画笔被展现给我们？

文森特·梵高，荷兰后印象派代表画家，做过职员、艺术品经纪人、传教士。他早期画风朴实，1886 年在巴黎结识印象派的经历使其画风巨变，由沉闷昏暗变得简洁明亮、色彩强烈。1888 年，他来到法国南部时已形成了自己风格。37 岁时，他在精神错乱中开枪自杀。在他生命的最

自画像

文森特·梵高　1887年
布面油画　40.6cm×31.8cm
纽约大都会艺术博物馆

后两年，甚至在精神病院的日子里，他都处于一种极度亢奋的创作状态，完成了众多名垂千史的巨作。他就像他的《向日葵》（*Sunflowers*）那样，如火焰般烧尽所有的激情，走到生命的终点。大都会收藏了他的《带柏树的麦地》（*Wheat Field with Cypresses*）。这幅画给我们的感受就是动荡，云的飘逸动荡、山的绵延动荡、树的摇摆动荡、麦的起伏动荡，折射出画家心神的激情动荡。

带柏树的麦地

文森特·梵高　1889年
布面油画　73.2cm×93.4cm
纽约大都会艺术博物馆

星空

文森特·梵高　1889年
布面油画　73.7cm×92.1cm
纽约现代艺术博物馆

　　在几乎同是画于他人生的倒数第二年，也是柏树，也是大地，也是天空，梵高还画了一个夜空版的柏树天地图《星空》（*Starry Night*）。据说，他画的是他病房窗外的景色。在梵高的笔下，寂静广阔无垠而又神秘的夜空被画成了激荡流动回旋而又梦幻的天幕。梵高的"动"已不再是刻画运动过程的某一瞬间，而是试图描述整个运动流程，甚至延伸到了宇宙的起点。那现实中的树被画成了黑色的火焰，直指夜空，和右上角那在夜间似乎不可能如此明亮的大星月形成对比，而其他的小树都成了运动流线的一部分，让人感到平庸的世俗和宏伟的宇宙是这样剧烈地在融合。

科学幻想在这幅画里达到极值，而今天这些幻想几乎都得到了落实。这个图几乎包括了湍流、漩涡和动力系统的各种收敛或发散的极限状态。在貌似安宁的夜空中，空气是在剧烈流动的，敏感的梵高感受到了这一切。湍流问题曾被称为"经典物理学最后的疑团"，是个极为复杂的问题。理论物理学家们费尽了心机、伤透了脑筋，工程师们更是如履薄冰绕路走。据说，诺贝尔物理学奖得主沃纳·卡尔·海森堡（Wemer Karl Heisenberg）临终时曾说过，他将带着两个问题去见上帝，一个是相对论，另一个是湍流。他还估计，上帝对前一个问题会有答案，至于后一个，上帝也未必有解。在梵高去世后不久，一位伟大的数学家诞生了，他就是苏联数学家 A.N. 柯尔莫哥洛夫（Andrey Nikolaevich Kolmogorov）。柯尔莫哥洛夫在数学物理领域开拓新地，解决难题，贡献巨大。特别是他得到了湍流在细小尺度的近似表达式，那是一组通过湍动能的平均耗散率和动黏度所表达的空间尺度、时间尺度和速度尺度的关系式。

令人惊奇的是，人们研究《星空》后发现，画中看似抽象的光影"湍流"，竟非常符合"柯尔莫哥洛夫微尺度"这个很高深的理论，而很多其他貌似旋圈的画却不符合这个尺度。在梵高的星空中心，我们还看到了一个太极雏形，和古老的中国哲学及其象征符号太极图不谋而合。

这幅画问世后不断地带给人们惊奇。梵高逝世 13 年后，莱特兄弟将人类的第一架飞机开上了蓝天。后来，人们用计算机模拟飞机飞行时机翼所卷起的湍流。2007 年的地球洋流图与梵高在思绪遨游夜空时所体验的景象非常相似。这些都是梵高逝世一个多世纪后，人们用高科技手段得到的影像。我们不得不感叹一百多年前的梵高是怎样超越科技屏障看到这些的？

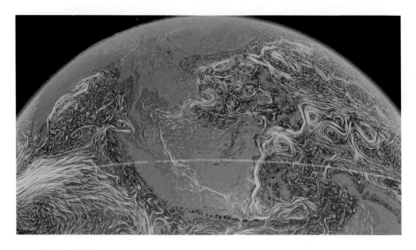

2007 年的地球洋流图

我们再来看梵高的名作《奥维教堂》（*The Church in Auvers-sur-Oise*）。在当时宗教氛围较浓的荷兰，教堂对人们的精神生活是极其重要的。在人们心中，教堂一向是高大、庄严和稳重的。但我们看到，在有深厚天主教背景的梵高的笔下，有着稳定几何形状的教堂却被扭曲了。在深邃的蓝天下，隐约湍动的气流像是一只巨大的手，把坐落在长满鲜花的草地上的教堂钟楼沿顺时针方向旋拧了一把。教堂前的路也好像由此分叉，路上凌乱却有方向感的"脚印"明显已分道扬镳，却又好像殊途同归，指向了教堂后面那有着超越凡人之感的地方。画面左侧的小道上孤独地走着一位农妇，她蹒跚地走向自认为清楚其实不清楚的目的地。梵高在创作这幅画时，已接近了生命的终点。从这幅画里，我们几乎可以读出梵高的精神世界。他的精神支柱被激荡的情感、疯狂的幻觉搅动得摇摇欲坠。画中入口宽敞的出路被分叉又被收拢，最后不知所终，

奥维教堂

文森特·梵高
1890年
布面油画　94cm×74cm
巴黎奥赛博物馆

走向了教徒认同的超感知方向。但这幅画的意义不局限于梵高自己的精神世界，而是有更深的含义。在梵高看似疯狂的意念里，他其实表达了当时处于平静生活的一般人难以理解的东西，这就是貌似神圣威严的宗教只是人们精神生活的一部分，它在人的情感漩涡中也是弱不禁风的。

　　欧洲艺术的发展是多方向、非线性的，特别是印象派之后，更是门派繁多，大都会收藏了不少有影响力的画家，莫迪里阿尼无疑是其中一个重量级人物。

　　和巴勃罗·毕加索（Pablo Picasso）同时代却英年早逝的意大利表现主义画家、雕塑家阿梅代奥·莫迪里阿尼（Amedeo Modigliani）是一个悲剧性的艺术家。他虽自幼体弱多病但受到良好教育，1902年进入佛罗伦萨美术学院学习，1906年首次前往巴黎，与毕加索等人同在蒙马特高地居住。1912—1917年，他形成了自己的艺术特色：用优美而富有韵律的线条勾勒描绘对象夸张变形的轮廓，然后用经特殊提炼的浓艳色彩平涂画布。所以，他的画呈现出一种富有旋律感的优美节奏。他不在乎眼神，大多数人物都没有画眼珠，所有的感情只通过生动多变的形体结构和富有弹性的色彩变化来表现。

躺椅上的裸女

阿梅代奥·莫迪里阿尼　1917年
布面油画　60.6cm×92.7cm　纽约大都会艺术博物馆

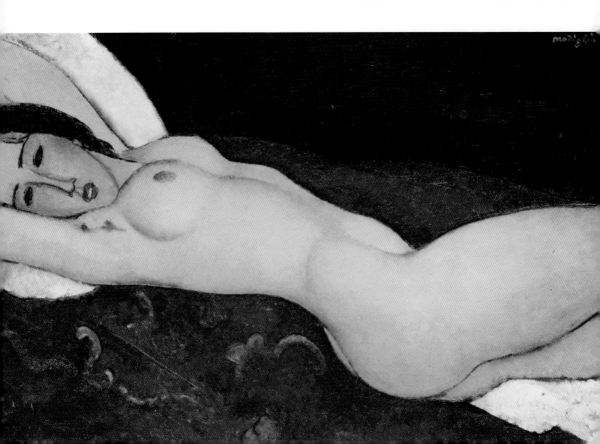

莫迪里阿尼的人生经历十分坎坷和悲惨，他到巴黎后生活很拮据，还染上了酗酒的恶习，在穷苦和麻醉中过着颓废且饱受折磨的生活。1920年1月，他病逝于巴黎，妻子珍娜·埃比泰尔纳（Jeanne Hebuterne）在听到他死讯的第二天跳楼自杀，留下了只有15个月大的女儿。1923年，人们在拉雪兹神父公墓为他们举行了合葬仪式。

在莫迪里阿尼的画中，那些倾斜的头、削肩、长颈，那些被延长的手臂和躯干，不合比例的腿和头，面孔上瘦小的三角形鼻子、没有眼球的杏眼和小嘴巴，都在表现纤细、柔美和娇弱。不同寻常的是，画家竟能通过这种极其单纯而模式化的造型生动地表现出不同人物的不同个性特征，同时又能鲜明地表达他自己多愁善感的心情。莫迪里阿尼用一种独特的曲线语言展现了富有现代精神的表现主义艺术，给20世纪带来了一种"战栗的艺术"。

莫迪里阿尼去世后，他的艺术作品成为艺术界的一个谜，直到近年才逐渐被解开。进入21世纪，他的画在国际拍卖会上屡创新高价，成为收藏热门。大都会收藏了几幅他的作品，如《躺椅上的裸女》（*Reclining Nude*）和《珍娜·埃比泰尔纳画像》（*Portraitof Jeanne Hebuterne*）这样有特色的肖像画。

珍娜·埃比泰尔纳画像

阿梅代奥·莫迪里阿尼
1919年
布面油画　91.4cm×73cm
纽约大都会艺术博物馆

《躺椅上的裸女》是莫迪里阿尼最杰出的裸女系列作品之一。在这个系列里，裸女直显躯干，面对观者表情坦然，手脚伸到了画外，但人体姿势起伏成律，优雅流畅。此画成了莫迪里阿尼最典型的代表作。

莫迪里阿尼生前画了若干幅妻子的画像。当我们知道他妻子以如此壮烈的方式随他而去时，都唏嘘不已，忍不住偷偷地想：再坚持一下就好了。《珍娜·埃比泰尔纳画像》是莫迪里阿尼留给世人的他们爱情的见证。简单的色块勾画出一位优雅的妇人，一如莫迪里阿尼的风格，只通过极为简洁的方式来展示人物内涵，但细腻的笔触又饱含深情。

美利坚精神的"代言"

虽然大都会艺术博物馆的藏品具有世界性的特点，但它坐落在美国，美国的艺术家及有关美国的艺术作品自然是其重要的收藏。

《华盛顿横渡特拉华河》（*Washington Crossing the Delaware*）是德国出生、美国长大的艺术家埃玛纽埃尔·洛伊茨（Emanuel Leutze）创作的一幅油画，描绘了美国独立战争期间，华盛顿于 1776 年 12 月 25日横渡特拉华河的场景。华盛顿所率领的大陆军在纽约地区遭遇了几场败仗，只剩下 2400 人的军队士气低落，被迫从新泽西州撤往宾州。为了提升士气，华盛顿觉得必须在年前打场胜仗，否则整场战争就可能会失败。于是，华盛顿在 1776 年圣诞节前夕，决定利用圣诞节期间敌军防备松懈，袭击特伦顿，为夺回新泽西而做好准备。他在日记中写下"胜利或死亡"，以示决心。这次针对黑森雇佣兵的突袭行动是特伦顿战役的第一步。这场战役，华盛顿大获全胜，以极小的代价占领了特伦顿，成为独立战争的转折点。于此，华盛顿成为新国家的象征。

　　这幅作品可谓命途多舛。洛伊茨于 1849 年完成了此画的第一个版本。第一个版本 1850 年被工作室的火灾损坏，修复后被不来梅艺术馆收购，第二次世界大战期间被英国皇家空军炸毁。1850 年洛伊茨开始创作第二个版本，1851 年 10 月在纽约展出，超过 5 万人参观了这幅作品，可谓万众空巷，争睹画容。马歇尔·O. 罗伯茨（Marshall O. Roberts）以当时的天价 1 万美元买下了画。几经易手后，此画最后由约翰·斯图尔特·肯尼迪（John Stewart Kennedy）于 1897 年捐给大都会艺术博物馆，收藏至今。此作品还有很多版本，其中一幅被挂在白宫西翼接待区。画中主人公是美国开国总统乔治·华盛顿（George Washington）。洛伊茨画笔下的华盛顿目光炯炯，气宇盎然，神志坚毅，信心十足，他率领军队划开冰河，向前挺进，一往无敌，象征着美国的独立精神。

　　第二次世界大战后，世界艺术中心逐渐从欧洲转到美国。如果说《华盛顿横渡特拉华河》是独立精神的缩影，那么波洛克的滴画法更是探索精神的最佳写照。

　　杰克逊·波洛克（Jackson Pollock），抽象表现主义绘画大师，也被公认为美国现代绘画摆脱欧洲标准，在国际艺坛建立领导地位的象征。他首创滴画法，即把巨大的画布平铺于地面，借助钻有小孔的盒、棒或画笔把颜料滴溅在画布上。他有时还用石块、沙子、铁钉和碎玻璃掺进颜料在画布上摩擦。他摒弃了画家常用的绘画工具，完全摆脱了受制于手腕、肘和肩的传统绘画模式，他不做事先规划，没有固定位置，在画布上随意走动同时泼洒颜料，通过反复的无意识的动作形成复杂难辨、线条错乱的网。画面无中心、无结构，确立了抽象表现主义特征，人们冠之为行动绘画。波洛克出现，有人大呼：艺术完了，艺术家完了，这样的作品还要画家干什么？任何在画面上可以随机跑动的玩意都可以完成画作。也的确有人把狗关在笼子里，在地面铺上画布，让狗背上滴漏

华盛顿横渡特拉华河

玛纽埃尔·洛伊茨
1851年
布面油画　378.5cm×647.7cm
纽约大都会艺术博物馆

大都会现代艺术厅，左边的展品就是美国艺术家大卫·史密斯（David Smith）著名的不锈钢雕塑《贝卡》（Becca）

大都会现代艺术厅，右边墙上的巨幅画是现代美国艺术家波洛克的《秋天的韵律》

的颜料，然后惊吓狗让其不停地跑动"作画"。但事实上，正如有人评论的那样："波洛克的每一幅作品都不是轻易画出的……当他作画时，他沉湎于吓人的狂热行动中。"他自己也说："一旦我进入绘画，我意识不到我在画什么。只有在完成以后，我才明白我做了什么。我不担心产生变化、毁坏形象等。因为绘画有其自身的生命。我试图让它自然呈现。只有当我和绘画分离时，结果才会很混乱。相反，一切都会变得很协调，轻松地涂抹、刮掉，绘画就这样自然地诞生了。"正是如此，波洛克的确凭借这种随机画法成为载入史册的第一人，他的画市场价居高不下，各大博物馆多有收藏。大都会收藏的这幅《秋天的韵律》（Autumn Rhythm）看似混乱，但那成熟的颜色，收获带来的忙乱、富足的感觉不正是秋天的韵律吗？当今，有研究认为，波洛克画的正是数学中的"分形"和"混沌"的表现。

博 物 馆 艺 术 拾 珍

METROPOLITAN MUSEUM OF ART

大都会随记

大都会给我的第一印象就是大，面积上的大，规模上的大，涉域上的大和气派上的大，这个大还包括了全。也许是美国历史较短，它自己没有太多的东西可展示，加上美国的文化发达和经济富裕，让它可以站在一个较为国际化的立场来审视人类文明。相比之下，很多其他国家博物馆都或多或少地显露出一定程度上的地方色彩。从这个意义上来看，大都会艺术博物馆的地位之高也就可想而知。

走进大都会，门票让我有点摸不着头脑。博物馆并不免费，但入场费又像是自愿捐的。当我走上收费处递上信用卡时，收费员问我："你出多少？"我一愣，顺口说 20 美元，她就真划了 20 美元，然后递给我一个小徽章。凭着这个小徽章，所有场馆畅通无阻。然而，整整一天，我在大都会都没有尽兴。

在大都会艺术博物馆里，因为其大，因为其全，你几乎可以看到任何你想欣赏的艺术种类。但也是因为这个，那些特别闻名遐迩的展品反而被淡化了。访客可以凭各种原因走进这个博物馆，可以去探究展品所蕴含的历史，可以去比较展品的地域和时代的文化特征，可以去欣赏展品的艺术价值，可以去这个心中的艺术神殿朝圣，也可以享其声名到此一游。我参观后五味杂陈，既为游弋于艺海而心旷神怡，又遗恨无法将浩瀚展品看全，既感激博物馆能够全面珍藏极品，又痛心自己国家的宝贝不知通过什么渠道流到了这里。尤其是看到美丽壁画被挖过来展在这里，心中真不是滋味。

当然，博物馆还将在各种声音中继续屹立，迎接那些来这里接受艺术洗礼的人们。

Museum 2
历史浪花

    著名的历史博物馆多半展示的是古文明的历史。古文明的觉醒和发展在很大程度上都通过艺术的形式，在今天看来就是灿烂，就是辉煌。这些都可以在博物馆里珍藏的历经沧桑且侥幸尚存的展品上找到有力的证明。

Collection 1　埃及博物馆

THE EGYPTIAN MUSEUM

埃及博物馆外景

　　埃及博物馆（The Egyptian Museum）由法国著名考古学家奥古斯特·马里耶特（Auguste Mariette）于 1863 年在开罗北部尼罗河东岸主持设计并建造，后两次搬迁，于 1902 年迁至开罗新馆。它是世界最著名的博物馆之一，也是一座拥有 4000 年悠久历史的古代埃及文明遗物的宝库。当时，埃及的古文明被西方探险者发现，同时大量无价之宝也迅速流失，建造这座博物馆就是为了阻止发掘出的埃及国宝流往国外。埃及博物馆以广为收藏法老时期的文物闻名，又被称为"法老博物馆"。

　　博物馆坐落一座古老而豪华并具有伊斯兰风格的双层绛红色石头建筑物之内，藏有各种文物 30 多万件，陈列展出的约占全部文物的 1/5。博物馆内设有 50 多个陈列室。一层按埃及古代历史发展顺序展出，在这里可以看到从古王国，贯穿远古、中古、帝国时代，直到希腊和罗马统治时期的珍贵文物，展品包括雕像、绘画、金银器皿、珠宝、工艺品、棺木、石碑、纸莎草文书等类别，其中大多数展品的年代都超过 3000 年。二层是专题陈列室，包括棺木室、木乃伊室、珠宝室、绘画室、随葬品室、史前遗物室、图坦卡蒙室和纸莎草文书室等。

走进埃及博物馆就如同走进了阿里巴巴的宝库，不过入门的口诀不是"芝麻开门"而是埃及元。由于新王国时期法老都被埋在一个叫帝王谷的地方，而更早时期法老的陵墓——金字塔是那么醒目，导致早年埃及文物被盗被抢，文物流失非常严重。所幸埃及有着特殊的干燥沙漠气候，因此埃及保留下来的文物比我国的出土文物更丰富。我甚至看到了四五千年前的草鞋，更不用说其他大量的生活用品。那些令人称奇的工艺品，构思奇妙，做工精巧，想想那 4000 年的历史就让人喘不过气来。还有那大量的纯金制品，感觉那时好似黄金遍地。在这个博物馆里，你可以窥视到古埃及文明所达到的令人叹为观止的水平。

最早的数学课本——纸莎草文献

古埃及留下的文明证据大多是被沙漠掩埋的神庙、壁画和文物。特别珍贵的是极难保存的写有圣书体的纸莎草文献。然而，恰恰是一些残存的古埃及纸莎草文献和经过后人破解的象形文字，让我们能够读懂记载在莫斯科纸草书（Moscow Papyrus，现藏莫斯科普希金精细艺术博物馆）和兰德纸草书（Rhind Papyrus，现藏于伦敦大英博物馆）这些古文献上的古埃及人在数学方面的成就。而这些成就还可以从他们应用数学知识建成的令人叹为观止的神庙和金字塔中得以一窥。

兰德纸草涉及 85 个数学问题，它可能是一本数学教科书，学生通过书中由抄写员写下的适当例子来学习解决特定的数学问题。它最初被

兰德纸草（局部）

公元前 1550 年
纸莎草　高 32cm　伦敦大英博物馆

发现于埃及的底比斯古都遗址，后被苏格兰人 A.H. 兰德（A.H.Rhind）
于 1858 年购走，因此得名。

古埃及的四大美女

　　一进博物馆，一座高 10 米的石像就让人喘不过气来，它是法老阿
蒙霍特普三世（Amenhotep Ⅲ）和他妻子提亚（Tiya）的双人石像。
很多古埃及的王后都有雕像，可见古埃及的王室女性在历史上留下了浓
重的一笔。

　　和中国历史上传说的四大美女一样，埃及历史上也有四大美女：拉美
西斯二世（Ramesses Ⅱ）的宠妻奈菲塔瑞（Nefertari）、女法老哈特舍
普苏特（Hatshepsut）、著名绝色王后奈菲蒂蒂（Nefertiti）和埃及艳
后克莉奥帕特拉（Cleopatra）。在没有影像且绘画和雕塑技巧有待发展
的年代，她们的美是想象的，是抽象的，是可以创作的，她们以这样的方

法老阿蒙霍特普三世和王后提亚的石像

式留在了传说中，所以这种美是无敌的。无论有什么样的具体作品，人们都会下意识地认为真人会比它更美。而今天的美人就没有这个运气，发达的影视技术让美具体化了，也就没有了想象的空间。这样看来，什么最美? 想象最美!

不过爱美的古埃及人还是尽了最大的努力将美留下来，我在各国的博物馆中至少见过两位美人的雕像，另外两位也通过壁画、浮雕一睹了芳容。

奈菲塔瑞是拉美西斯二世的宠妻。不仅如此，她多才多艺，在外交中长袖善舞，魅力无边。她与拉美西斯二世情深意长，与他生下至少6个子女，可惜红颜薄命，过早去世。

在阿布辛贝，拉美西斯二世专门为奈菲塔瑞修建了神庙，她的雕像被塑造为哈托尔（Hathor）女神的化身，她在神庙前的雕像的大小与拉美西斯二世的等大，这是难得的殊荣。为她修建的神庙没有完工，据说她恰恰就在这座本应与法老同享永恒的神庙门前死去，后来她被隆重地安葬在王后谷。她的墓穴被发现时已被盗墓者掏空，不过留下的壁画依然光彩照人。

其中我看过的一尊美女雕像是哈特舍普苏特的。哈特舍普苏特是古埃及传奇的女法老，她登基曲折，政绩卓著，喜欢女扮男装。她的经历和中国历史上的武则天有惊人的相似之处，只不过她更多利用了神的传说。她是图特摩斯一世（Thutmosis Ⅰ）的女儿，图特摩斯二世（Thutmosis Ⅱ）的半妹兼王后，以及图特摩斯三世（Thutmosis Ⅲ）的继母。她在协助丈夫主政时显示出杰出的政治才能，从而立志要统领埃及。图特摩斯二世去世时，9 岁的继子图特摩斯三世登基，她就相当于在垂帘听政，后来干脆取而代之，加冕登基后执政 22 年，直到去世才让王权回归继子。因为没有前例，掌权又不太顺利，为了顺天服众，女法老花了 7 个月的时间把从阿斯旺采下的完整石料制成当时全埃及最大、最高的方尖碑，沿尼罗河长途搬运后立在全埃及最大、最神圣的神庙里，献给太阳神阿蒙－拉（Amon–Ra），以此证明自己继承王位的合法性。碑文大意是：女法老自称是阿蒙神的女儿，表示自己是承天意来统领埃及，并对神阿蒙－拉神歌功颂德。这个集几乎所有王室女性角色——王女、王后、

阿布辛贝神庙前拉美西斯二世和奈菲塔瑞的雕像

奈菲塔瑞

公元前1298—前1235年
壁画　120cm×83cm
王后谷奈菲塔瑞墓

哈特舍普苏特女扮男装的法老站像

公元前1479—前1458年
花岗岩　高242cm
纽约大都会艺术博物馆

王继母、女王于一身的传奇人物有太多的故事，太多的悬疑。

　　值得一提的是位于戴尔巴哈里的哈特舍普苏特陵墓，这座陵墓还有座神庙陪伴。有趣的是，她既不跻身于帝王谷，也不屈就于王后谷，而是修建了对望两谷、依仗山雄、气势恢宏的神庙。她生前逝后的传说也是云里雾里，似真似幻。埃及的许多神庙只留下了废墟，最多有些残垣断壁废柱，很难想象当时的辉煌。然而，这个神庙却是一个异类，不仅结构完整，而且厅柱看起来都很新，好像3000多年的历史几乎没有留

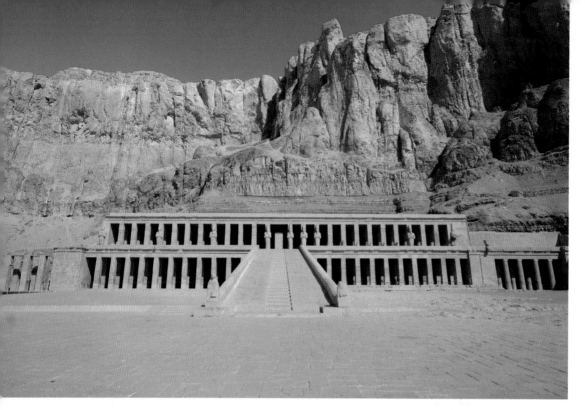

哈特舍普苏特祭庙

下什么痕迹，反而失去了些真实感。它在陡峭的悬崖和宏伟的山势衬托下显得"气度非凡"。据说，这是近代一个对它情有独钟的外国人倾其一生修缮的结果。看来哈特舍普苏特的魅力不是一般的强大，她一直发挥着摄魄之能耐，尽管有破坏者对她进行全面封杀，拜倒在其裙下的粉丝仍然可以延绵几千年。

然而，历史总是开着各种玩笑。被女法老贬到神庙里当祭司的图特摩斯三世掌权后，就开始拼命报复，全面封杀废黜自己的继母。弄得女法老的历史资料以后很难找到，很多生平故事沉入历史深渊，成为永远的谜。于是，这位历史上难得的女法老变得更加神秘难测。不过，有两个例外留存下来：女法老神庙和方尖碑。复仇者没有摧毁方尖碑而是把它遮挡了起来，只留下顶端刻着的歌颂阿蒙神的一段，大概没有人敢对神灵造次。结果，这反而保护了女法老的方尖碑，使得这个碑在今天仍在向后人们倾诉说着那段充满爱恨情仇的故事。哈特舍普苏特的木乃伊一直是个巨大的悬案，后来她的木乃伊还是在帝王谷中被找到，成为图坦卡蒙墓发现以来最大的考古成就。发现的过程曲折辗转，持续了几百年，经历了几代人的努力。据说发现时，那具木乃伊仅被裸放，并没有入棺，像是随便匆忙地移放于此，全无帝王之尊，所以也就没有引起人们的注意。后来，人们一直不懈研究，还动用了现代技术，她的身份才得以确定。最关键的钥匙是，哈特舍普苏特葬盒里的一颗牙齿和那具木乃伊牙床上的缺损对上了。可能是图特摩斯三世报复鞭尸时，女法老的忠仆们匆忙将她转移于此。这样看来，能留下来的雕像更显得尤为珍贵。

奈菲蒂蒂头像

公元前1345年
石灰石　高48cm
柏林新博物馆

　　另外两位美女也都是曾经权倾色漫天下的角色。传说，奈菲蒂蒂不但拥有令人惊艳的绝世美貌，她还是古埃及历史中最有权力与地位的女性。1912年，奈菲蒂蒂的彩色半身像被发现，随即也诞生了历史上第一个封面女郎。奈菲蒂蒂的身世也是一个传奇，她的一生经历了几乎所有的繁华和苦痛，她是12岁便被选入后宫的娃娃新娘，经历过初恋情人早夭的伤痛，后与埃赫那吞（Akhenathon）共结连理，共享无上的荣耀。她是改革家、有权力的祭司、有远见的统治

丹德拉神庙的浮雕——克利奥帕特拉和她儿子

克利奥帕特拉女王

公元前 40 年　大理石浮雕　诺特丹大学博物馆

者，但也是残酷的刽子手、有城府的阴谋家和善妒的王后。她的一生跌宕起伏，死因却成了一个谜团。关于她的结局，有被休论，有病殁论，也有暗杀论。至少，她的木乃伊至今也未找到。

　　埃及艳后克利奥帕特拉七世更是不断地成为文学和艺术作品主角的著名人物。她是古埃及的托勒密王朝的最后一任法老，传说她用一条小毒蛇结束自己的生命。在她死后，埃及成为罗马帝国的一部分，直到 5 世纪西罗马帝国灭亡。克利奥帕特拉才貌出众，聪颖机智，诡计多端，一生富有戏剧性。她卷入时代变迁的政治漩涡中，同恺撒（Gaius Julius Caesar）、马克·安东尼（Mark Antony）关系密切，游走于几个权势男人之间，伴以种种传闻逸事，成为后世永恒的话题。

曾被历史遗忘的法老——图坦卡蒙

　　古埃及的首饰制作也有着很高的艺术水平，图示的胸饰太漂亮了！它的设计和埃及神话有关，最上面三个神的雕像有日月相托；中间是玉髓雕刻的圣甲虫，并配以秃鹫的翅膀，圣甲虫和秃鹫在古埃及的信仰中分别代表太阳升起的凯普里（Khepri）和王权的守护者荷鲁斯（Horus）；最下坠以不同的宝石。布局巧妙，做工精美，艺术水准极高。真是太让人喜欢了。这件饰品的主人居然不是女性，而是一位年轻的男性，他就是那位曾被刻意抹去痕迹的图坦卡蒙（Tutankhamen）

　　在现在的埃及，名气最大的法老就是图坦卡蒙。他的名气并不在于他毫无建树的生前，也不在于他神秘的死亡，而在于他的墓有幸逃过了盗墓贼并被英国探险家发现，从而让那个时代令人炫目的文物完整地重

圣甲虫胸饰

公元前1333—前1323年
金、银、半宝石、琉璃
14.9cm×14.5cm
开罗埃及博物馆

绘有图坦卡蒙战胜入侵之敌战役的彩绘箱

公元前 1333—前 1323 年　木胎彩绘
44cm×61cm×43cm　开罗埃及博物馆

现天日。他是真正的"死得其所"！因此，图坦卡蒙文物也就成了埃及博物馆的镇馆之宝，价值连城。甚至有人直接把埃及博物馆叫作图坦卡蒙博物馆。

　　帝王谷是比金字塔晚些的新王国时期历任法老王的葬身之处。据说，酷似金字塔式的山脉是被选中当墓地的原因之一。因为埃及历史大纪年已研究清楚，有多少个法老是已知的，所以我们可以说还有 3 个坟墓没有找到。理论上，所有已发现的墓穴都是对外开放的。遗憾的是，已有了防盗意识的法老却没有想到，地点明确、王陵集中的帝王谷后来成了盗墓者的天堂。绝大多数陵墓都惨遭洗劫，豪华不再，很多还被盗墓者翻了一遍又一遍，只留下一个空穴，成为沙兽和野鸟的巢穴，也掐断了那段历史留下来的微弱信息。在被盗墓者报废的群墓中，有一个幸存者——图坦卡蒙墓。图坦卡蒙是古埃及新王国时期第十八王朝的法老。他英俊帅朗，少年登基，19 岁暴毙，死因疑团重重。图坦卡蒙对古埃及历史贡献平平，但却因其墓葬完整贡献于今而成为最著名的法老之一。英国探险家霍华德·卡特（Howard Carter）在卡纳冯勋爵（Earl of Carnarvon）资助下，先从理论上推断出这个墓的存在，后耗费了几十年的时间去研究探索，终于在 20 世纪 20 年代发现了图坦卡蒙墓。由于这个墓藏得极为隐秘，几千年来从未被盗，所以那些令人眩晕的大量随

图坦卡蒙的卡诺匹克龛

公元前 1333—前 1323 年
木、金、玻璃及琉璃
198cm×153cm×122cm
开罗埃及博物馆

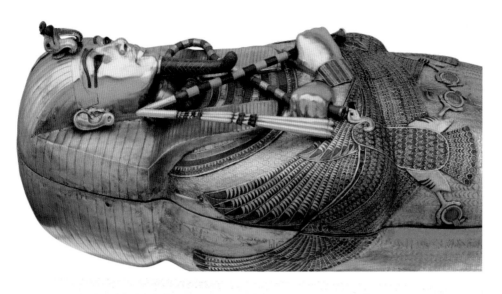

图坦卡蒙的内棺（局部）

公元前 1333—前 1323 年
黄金、半宝石、琉璃
187cm×51cm×51.3cm
开罗埃及博物馆

葬品更显得极为珍贵，它们带来了那个时代完整且真实的信息，也给文史研究者提供了大量第一手资料。其大多数出土文物现在都保存在开罗的埃及博物馆。发现墓葬后，卡特终其余生也没能将所有随葬品都整理出来。埃及墓葬的研究则从那个时候起上了一个新台阶。然而，风险投资成功的卡纳冯勋爵在发现墓葬后还没来得及享受成功就神秘死亡，这也给法老诅咒的传说加上了一个扑朔迷离的注解。

博物馆内最珍贵的图坦卡蒙室陈列有 1700 余件出土文物，其中最有名的就是图坦卡蒙法老的黄金面具。它依照法老生前容貌用金板打造，并镶满宝石，额上还塑有象征埃及统治者的秃鹫和圣蛇，体现了法老至高无上的权力。

图坦卡蒙的丧葬面具

公元前 1333—前 1323 年
黄金、半宝石、琉璃、石英石
高 54cm
开罗埃及博物馆

这件象征王权的椅子可能制作于图坦卡蒙执政的早期，王座的形制是阿玛尔纳（Amarna）时期的典型风格。形态优美、装饰华丽和色彩明亮完美结合，是精湛工艺的集中体现。

图坦卡蒙的木制镀金椅子

公元前 1333—前 1323 年
木、金、银、半宝石
102cm×54cm×60cm
开罗埃及博物馆

椅子的椅背是用镀金、宝石装饰的木雕，描绘的内容是王后安赫塞娜蒙（Ankhesenamum）在为丈夫图坦卡蒙行涂油仪式。

椅背木雕

传说中的木乃伊及其他

　　博物馆的木乃伊陈列室展着9尊木乃伊，大多是法老，其中保存最好的是新王国第十九王朝的拉美西斯二世的遗体。这些生前叱咤风云、风流倜傥、神勇传奇的法老们立了无数的塑像，以求流芳百世，最终却只能静静地躺在那里。他们一定没有想到，寄希望于帮助他们以完身等待来世复活的防腐技术使他们成为展品，供后人参观。木乃伊是几千年前利用防腐技术制成的干尸，存放木乃伊的人形棺的棺盖上和内部绘有死者的守护神或经文。棺木都雍容华贵，色彩艳丽。埃及博物馆存放的木乃伊，有的已有3500多年的历史，但仍保存完好，有的还可看到头发和脚指甲。

　　那些辉煌的古埃及壁画过了几千年仍然色彩鲜艳。古埃及的雕像和壁画虽然没有千年后的古希腊文物那么生动和逼真，也没有跳出神灵和国王的圈子，但已经有了不知道让人找什么词来形容的那种辉煌的冲击感了。

阿蒙奈姆赫特丧葬碑彩绘浮雕

图坦卡蒙墓室里的石棺和壁画

THE EGYPTIAN MUSEUM

145

埃及博物馆随记

　　我几乎是在 30 年前去的埃及，当时参加了一个英国的旅游团，带着好奇、疑问和探险的想法踏上行程。一路上发生了许多故事，都写在了我的《埃及日记》里，访问埃及博物馆是这串故事中闪亮的一章。的确，这个博物馆太令人惊艳了。几千年的文明，失而复得，光辉灿烂，以至于以后再探访其他博物馆，我都会不自觉地拿这个博物馆作地方博物馆的标杆，再做对比。

Collection 2　雅典国家考古博物馆

NATIONAL ARCHAEOLOGICAL MUSEUM OF ATHENS

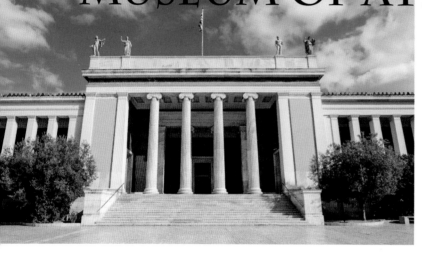

雅典国家考古博物馆正门

　　雅典国家考古博物馆（National Archaeological Museum of Athens）是展示古希腊文明的最重要的博物馆。博物馆于1829年建在希腊当时的首都埃伊纳岛，后于1834年随首都的变更而搬至雅典。在有捐赠的前提下，现馆于1866年开始修建，1889年建成并对外开放。此后，博物馆的收藏不断增加，逐渐形成今天的规模。近百年的历史使博物馆本身已成为一件珍贵的文物。一提希腊，大家就会立即联想到那辉煌灿烂的古希腊文明和美轮美奂的古希腊艺术品。是的，看过那些古希腊的雕像，无人不感叹古希腊艺术所抵达的高峰。

美的起源——黄金分割

古希腊是数学的发源地，也是第一次数学危机的发生地，更是那部统治几何界上千年的《几何原本》（*Stoicheia*）的诞生地。

古希腊的数学家在数学史上有着重要的地位，影响艺术至深的黄金分割就源于古希腊。黄金分割是指将整体分为两部分，较大部分与整体部分的比值等于较小部分与较大部分的比值。这个比例被公认为是最能引起美感的比例。

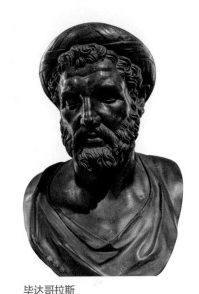

毕达哥拉斯

公元前 100 年　青铜
那不勒斯国家考古博物馆

传说，古希腊数学家毕达哥拉斯（Pythagoras of Samos）某天在街上听到铁匠铺里传出的打铁的声音非常好听。善于动脑筋的他仔细倾听研究，发现了铁匠打铁的节奏，其节奏比律就是黄金分割比例。后来，古希腊数学家欧多克索斯（Eudoxus of Cnidus）第一次对这个比例进行了系统研究，其研究结果后被写进欧几里得的《几何原本》，使之成为最早有关黄金分割的论著。

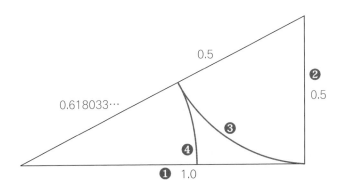

黄金分割

纸莎草版的《几何原本》

宾夕法尼亚大学考古与人类学博物馆

在古希腊的建筑上，这个比例处处可见。研究指出，优美的人体也多符合这个比例，这在古希腊的雕像上也处处可见。我们走进藏有大量古希腊雕刻艺术品的雅典国家考古博物馆，就不难发现这一点。

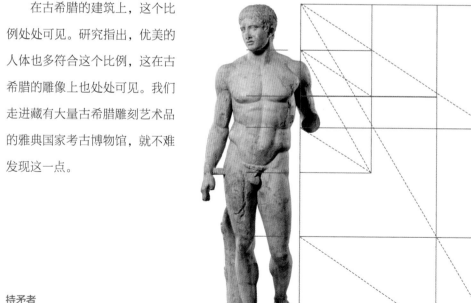

持矛者

公元前27年—公元68年
（波留克列特斯原作的复制品）
大理石　高198.12cm
明尼阿波利斯美术馆

古典美的巅峰——古希腊雕刻艺术

希腊神话大约产生于公元前 8 世纪，是原始氏族社会的精神产物，也是欧洲最早的文学形式，后来在《荷马史诗》(*Homeric Epic*)、《神谱》(*Theogony*)以及古希腊的诗歌、戏剧、历史、哲学等著作中被记录下来。后人将它们整理成现在的希腊神话故事，其中如宙斯、雅典娜、波塞冬（Poseidon）等人物都成为艺术创作的源泉。在雅典国家考古博物馆最精彩的雕像馆里面，几乎所有雕刻作品都和希腊神话有关，其中很多就是希腊神话中诸神的雕像。

希腊神话中有奥林匹斯十二主神，其名单不太一致，一般是指：神王宙斯，宙斯的妻子婚姻、家庭女神赫拉（Hera），宙斯的兄弟海神波赛冬，宙斯的姐姐丰饶女神德墨忒尔（Demeter），宙斯的女儿智慧女神雅典娜，宙斯的儿子太阳神阿波罗（Apollo）、战神阿瑞斯（Ares）和商业之神赫尔墨斯（Hermes），阿波罗的孪生姐姐月亮、狩猎女神阿尔忒弥斯（Artemis），爱和美之神阿芙洛狄忒，火神赫菲斯托斯（Hephaestus），以及酒神狄俄尼索斯（Dionysus）或宙斯的妹妹灶神、家室之神赫斯提亚（Hestia）。古希腊人留下的艺术品大多和这些神有关。

雅典娜是智慧女神，她传授纺织、绘画、雕刻、陶艺、畜牧等技艺给人类。她也是农业与园艺的保护神，主管军事策略、司职法律与秩序的女神，她还创立人类的第一座法庭。

雅典娜是宙斯和墨提斯（Metis）的女儿。盖亚（Gaia）和乌拉诺斯（Uranus）预言，墨提斯生明眸女儿后，会再生一个推翻宙斯统治的儿子。宙斯惧怕预言成真，遂将墨提斯吞入腹中。此后，宙斯严重头痛，谁给他医治都无效，宙斯只好要求火神打开他的头颅。令诸神惊讶的是：

雅典娜女神

200—250年
大理石　高105cm
（公元前438年原件的复制品）
雅典国家考古博物馆

一位体态婀娜、披坚执锐的美丽女神从裂开的头颅中跳了出来，光彩照人，
仪态万千。

　　雅典国家考古博物馆展出了处女神雅典娜的雕像，这是约3世纪的
复制品。据说，这是最忠实于原作的，原作为公元前4世纪用金子和象
牙做成的巨大雕像，立于帕特农神庙，后遗失。不过，这件复制品同样
光彩夺目。她庄重典雅，左手扶着宙斯盾，盾牌下有一条蛇，据说这蛇
就是她护佑的厄瑞克透斯（Erechtheus）的象征。她的右手并没有握着
传说中的长矛，而是托着胜利女神；支撑右手的是一根希腊柱，这根柱

子有很多矛盾的说法，甚至让人忍不住去想象原作是什么，就好像那常被大家质疑的《红楼梦》后四十回。雕像的底座就是著名的潘多拉的盒子。其头冠上雕着斯芬克斯和两头飞马，胸甲上则是女妖美杜莎（Medusa）的头。传说，火神赫菲斯托斯很欣赏同以手工艺见长的雅典娜女神。某日，雅典娜又来找他订制新武器，赫菲斯托斯正为妻子爱神出轨生闷气，便开始追求雅典娜。他是跛脚，费了一番功夫才追到雅典娜，雅典娜是处女神，当然立即拒绝并逃跑。赫菲斯托斯的精液落到女神的腿上，雅典娜用羊毛擦去精液，把羊毛丢到地上，地母盖亚受孕生下厄瑞克透斯。雅典娜替地母养大这个孩子，让他成为首任雅典国王。雅典娜送了他金镯子，用来守护雅典的儿童。

希腊首都雅典卫城的最高点坐落着著名的帕特农神庙。这座神庙为纪念希腊联军战胜波斯侵略者而建。历经两三千年沧桑，现在庙顶坍塌，雕像遗失，浮雕剥蚀，但根据屹立的柱廊还可以想象出神庙当年的巍峨丰姿。帕特农原意为"贞女的"，是雅典娜的别名。它于公元前447年起建，9年后封顶，各项雕刻又用了6年。帕特农神庙是希腊全盛时期建筑与雕刻的代表作，代表了全希腊建筑艺术的最高水平，是古代建筑

雅典卫城的帕特农神庙废墟

典范之作，有希腊国宝之称，也是世界艺术宝库中的一颗璀璨明珠。它气宇非凡，装饰精美，其立面的高与宽之比接近黄金分割比例。整座庙宇由 46 根大理石柱环绕，光滑和无瑕的质地使它显得尤为珍贵，柱间殿墙上还嵌着精美的浮雕。

波塞冬是海神，希腊神话中奥林匹斯十二主神之一。他是克洛诺斯（Chronos）与瑞亚（Rhea）之子，也是神王宙斯和冥王哈迪斯（Hades）的兄弟。波塞冬年轻时与兄弟团结一致，推翻了他们父亲，也就是前任神王克洛诺斯的残暴统治。经宙斯分配，波塞冬成为海洋之神，掌管所有水域，地位仅次于宙斯，可谓是权倾天下。波塞冬的神庙位于雅典离岸向南约70km的苏尼翁角，像中国传说中的妈祖那样看护着大海。神庙建于公元前440年左右，现在只剩下了废墟，遗留下几根矗立着的柱子，就像是爱琴海的琴弦。

波塞冬的武器是三叉戟。在雅典国家考古博物馆至少有两尊波塞冬的雕像，一尊是石雕，另一尊是铜雕（又有说此铜雕是宙斯）。两

波塞冬海神殿废墟

波塞冬

公元前 125—前 100 年
大理石　高 235cm
雅典国家考古博物馆

波塞冬或宙斯

公元前 460 年
青铜　高 209cm
雅典国家考古博物馆

尊雕像中，波塞冬都被表现为一种投掷的姿势，但他的武器三叉戟都已丢失。这尊石雕波塞冬是公元前 2 世纪的作品。年代久远，不仅丢失了三叉戟，它的脸部也有损伤，但雕像通过肢体和表情仍然传达出波塞冬的英雄豪气。

传说，雅典娜和海神波塞冬争夺一座城市。宙斯决定：谁能给人类一件更有用的东西，城就归谁。波塞冬用他的三叉戟敲了下岩石，一匹象征着战争的战马裂石跃出；而雅典娜用她的长矛敲下岩石，一株象征和平的橄榄树破土长成。结果，和平战胜了战争，这座城归了雅典娜，从此她便成为雅典的守护神。希腊首都雅典就是以雅典娜的名字命名的。坐落于雅典卫城的帕特农神庙就是供奉雅典娜女神的最大神殿，然而雅典娜的橄榄树却不能让她的神庙常青。帕特农神庙也是命运多舛。5 世纪中叶，神庙被改为基督教堂，雅典娜神像被移走。1458 年，土耳其人占领雅典后将神庙改为清真寺。1687 年，威尼斯人与土耳其人开战时，炮火炸毁了神庙的中部。1801—1803 年，英国人将大部分残留的雕像运走，以至于许多原属神庙的古物现散落在世界各地博物馆。19 世纪下半叶，希腊政府对神庙进行修复，但已无法恢复原貌，仅留有石柱林立的外壳。

　　爱与美之神阿芙洛狄忒诞生在塞浦路斯附近的大海浪花中，主管着爱与美，她的罗马名就是大名鼎鼎的维纳斯。因为美，她的故事和艺术品也就最多，她虽然嫁给了跛脚貌丑的火神赫菲斯托斯，却仍然和战神阿瑞斯有私情。著名的爱神丘比特是她的儿子。阿芙洛狄忒不仅可赐人美貌和魅力，还可使诸神为情欲所左右。她有一条神奇的腰带，无论是谁，只要系上它，就能得到渴望的爱情。据说，天后赫拉就是凭此博得了宙斯的垂青。引发特洛伊战争的金苹果裁决中的关键人物也是爱神。

阿芙洛狄忒

2世纪　大理石
高180cm
雅典国家考古博物馆

美神阿芙洛狄忒与牧神潘

公元前100年
大理石　高155cm
雅典国家考古博物馆

　　许多希腊神的传说都非常人性化，这在雕像上也有体现。这些神不仅权力、能力巨大，也有人的七情六欲。我们来欣赏一下在米洛岛发现的美神阿芙洛狄忒与牧神潘（Pan）的大理石雕像。

狄俄尼索斯、潘和萨提尔

170—180年
大理石　高127.5cm
雅典国家考古博物馆

阿芙洛狄忒被潘骚扰，举起鞋子要打他，小爱神丘比特帮妈妈揪住了潘神的角。阿芙洛狄忒应该是瞧不上潘，但她的表情并不是愤怒，生气的样子都很优雅，鞋子举得也不是很高，即便砸下去也不会很疼，点到为止。潘长着山羊的腿和角，生性好色，经常追逐各路女仙。这尊雕像也是希腊化风格的典型代表，活泼、生动、有趣，生活气息浓烈。雕像不仅优美传神，而且诙谐可爱，不禁令人莞尔。

潘在雅典国家考古博物馆中的另一尊雕像中出现，这次他被酒神狄俄尼索斯压在手下，雕像中还有个小神——萨提尔（Satyrs），那是酒神的跟班，也是森林之神。虽然缺胳膊少腿，但这尊雕像的精美仍然令人印象深刻。潘和萨提尔的弱小衬托了酒神的高大、俊美和洒脱。

黄金面具与瓶瓶罐罐

不仅是雕像，古希腊的金饰也是灿烂辉煌的，其中最著名的就是记载了迈锡尼文明强盛的"阿伽门农（Agamemnon）黄金面具"。尽管后来有证这尊面具另有所属，但它联系着前面提到的希腊历史上著名的特洛伊战争。面具由纯金打造，惟妙惟肖地复制了一位大胡子壮年君主的五官。对比古埃及图坦卡蒙的黄金面具，这副面具更逼真。自古埃及以来，人们就认为，死者戴上面具可以保留不朽的面容，让游荡的灵魂有了归宿。在没有录音录像的年代，想永久保存逝者音容笑貌，制作金面具无疑是首选。

根据《荷马史诗》的描写，特洛伊王子帕里斯（Paris）与斯巴达国王墨涅拉俄斯（Menelaus）的王后海伦（Hellen）私奔，这导致墨涅拉俄斯暴跳如雷，立即组织希腊联军远征特洛伊，率领联军的就是他的哥哥阿伽门农。双方开战十年，在特洛伊城外陷入围城与守城的僵局。最后，奥

阿伽门农的黄金面具

公元前 16 世纪　黄金
雅典国家考古博物馆

德修斯（Odysseus）巧施木马计，特洛伊人中计，将木马拖入城内。木马中的精兵和城外的军队里应外合，攻陷了特洛伊，取得了战争的最后胜利。所以，胜利者也包括联军首领阿伽门农。据考古证明，特洛伊战争发生的时代正是对希腊非常重要的迈锡尼文明时期。它经历数百年的发展壮大，成为爱琴文明的中心，后又在历史演变中湮没。这尊曾被误认的面具带着奇故事、带着古文明、带着真辉煌，静静地躺在博物馆里，怎不让今天的参观者心情激荡？

希腊艺术还有一个特点，就是对很多实用品进行装饰。雅典国家考古博物馆就有一些这类展品，不过很多精华艺术品都流落到了海外，我们可以在大英博物馆、大都会艺术博物馆等地看到它们的踪影。

　　尽管据文献记载，希腊在公元前 5 世纪取得了波希战争的胜利，但希腊的艺术家们几乎没有将这些历史事件和人物作为他们的创作对象。他们更有兴趣表现神话中有关希腊的战争。他们画了很大的壁画，这种影响也反映到他们的陶瓶画上。后页上图是用于盛混合酒和水的涡形双耳喷口杯。这个杯子表面的绘画共有 4 层：顶层是装饰花纹；第二层描述的是神话中的马人和拉庇泰人之间的战争；第三层是主层，表现的是神话中希腊人和亚马孙女勇士的战争；第四层是黑色底部。杯子造型优美，色彩是典型的古希腊陶瓶画的主色——黑和红，人物形态活泼生动，可看出古希腊瓶画已比古埃及的壁画有了很大进步。

　　当然，古希腊瓶瓶罐罐上的装饰已经走向生活，不仅是描述神话故事，这也是希腊文明比埃及文明进步的地方。后页下图的细颈瓶表面两层分别描绘妇女婚嫁（上）和编织（下）的情景，这个瓶子本身也可能就是随嫁品。看画面上妇女们婀娜的身姿，与其说在编织，不如说在舞蹈。在描绘的内容上，这也比古埃及艺术进了一大步。

雅典国家考古博物馆收藏的古希腊瓶瓶罐罐

装饰着两场战争的涡形双耳喷口杯

约公元前450年
陶瓶　高63.5cm
纽约大都会艺术博物馆

装饰着妇女编织图和出嫁图的细颈陶瓶

公元前550—前530年
陶瓶　高17.15cm
纽约大都会艺术博物馆

博 物 馆 艺 术 拾 珍

NATIONAL ARCHAEOLOGICAL MUSEUM OF ATHENS

雅典国家考古博物馆随记

　　我是在大约二十几年前一个夏天去的希腊，当时还属于"穷旅游"的阶段。从英国坐了一架便宜飞机飞到雅典，在那和一位来自他处的同伴会和。飞机并没有飞到预定机场，而是到了一个小机场。在没有手机的年代，我们居然在陌生的雅典找到了对方，现在想想都不可思议。于是，我们一起去帕特农神庙，一起去博物馆，一起去海岛。我们住在只有一个大通铺的青年旅馆，旅客都是像我一样的青年穷游者。旅馆的工作人员都是这些穷游者，他们游到这里没钱了，然后打工挣钱，攒够下一程路费，再继续前进。大通铺上交流着各种有关的雅典信息，也演绎着各种悲欢离合。

　　我那时手上没有好相机，所以当时的相片留下得很少。雅典国家考古博物馆向我们展示的艺术，让我既震惊又痴迷，几千年前的艺术所达到的高度实在让人难以置信，同时又很可惜艺术品上的残缺，总想着如果完好该是怎样的辉煌。不过残缺所留下的想象空间确实神秘而又巨大。雅典国家考古博物馆保存的那些遗留下来的一点点雕像就已经令人惊讶不已，也可借此窥探古希腊艺术大海之一粟。然而，大自然加上人为的因素，使很多人类创造的珍宝永远地遗失在历史的长河里，这不能不让人扼腕叹息。

Collection 3　梵蒂冈博物馆

THE VATICAN MUSEUM

在圣彼得大教堂圆顶上接近教皇窗口的位置俯瞰梵蒂冈，圆形是圣彼得广场

　　梵蒂冈在拉丁语中意为"先知之地"，位于意大利罗马，是一个国中之国。不过，作为一个"国家"，它五脏俱全，可以以主权国家的身份签订国际性条约或加入国际组织，与其他主权国家互换外交使节。行政上，教皇是其最高首领，教皇授权的主教委员会负责管理梵蒂冈的日常事务。梵蒂冈的法律体系基于教会法，当天主教法典不适用时，则使用罗马市的法律。所谓军队只是一个有100多人的近卫队，负责教皇安全。其官方语言是唯一一个地方还在使用的拉丁语，它也是仅存不多的政教合一的国家。但其国家功能是不完整的，它没有任

何工业、农业，只有旅游业和大量的金融投资。梵蒂冈的大部分公民都是神职人员。这个国家对于天主教来说极其重要，它是全世界天主教会的最高机构的所在地。所以，这个国家实际上只有一个功能。

梵蒂冈坐落着世界上最大、最华丽的天主教堂——圣彼得大教堂、收藏丰富且价比天高的梵蒂冈博物馆（The Vatican Museum）和教皇的官邸。梵蒂冈还有一个很大的圣彼得广场，那里会举行重大的宗教活动。然而，对普通游客来说，梵蒂冈最吸引人的则是拥有米开朗基罗和拉斐尔等艺术家的旷世艺术杰作的梵蒂冈博物馆。

梵蒂冈博物馆的内庭

梵蒂冈博物馆内部旋转楼梯

开馆神——拉奥孔

　　梵蒂冈博物馆是世界上最早的博物馆之一，早在 5 世纪就具雏形，16 世纪时与圣彼得大教堂同时扩建成现在的规模。梵蒂冈博物馆的成型可以追溯到 500 年前购买的一组大理石雕像。这组名为《拉奥孔》（*Laocoon*）的雕像于 1506 年 1 月在罗马附近的一个葡萄园里被发现。教皇尤利乌斯二世（Julius Ⅱ）派建筑师朱利亚诺·达·桑加洛（Giuliano da Sangallo）和米开朗基罗去查看发掘现场。他们发现，尽管雕像的作者不详，但这组雕像是真正的艺术品，它表现的是希腊神话中拉奥孔的故事。在他们的极力推荐下，教皇当机立断，从葡萄园主那里买下了雕像并将它收藏在梵蒂冈博物馆。在雕像被发掘整一个月后，教皇就在梵蒂冈将它展示于公众面前，立即引起轰动。这组雕像就像一个种子，促使梵蒂冈博物馆成长壮大。

　　拉奥孔，特洛伊人，阿波罗的祭司。他在古希腊史诗中扮演的角色是预言者，他在特洛伊战争中警告特洛伊人不要接收希腊人留在城外的木马，但没有成功。特洛伊人没有听拉奥孔的劝告，反而相信了西农（Sino），一个假降的希腊战士编的谎言。拉奥孔一怒之下把长矛向木马掷去。支持希腊人的神派出海蛇，勒死了拉奥孔和他的两个儿子。按照古希腊诗人欧福良（Euphorion）的说法，拉奥孔因在献给波塞冬的圣地上有不敬神的行为而受惩罚，不幸的是受罚的时间让特洛伊人将他的死误解成攻击木马的结果，以至于相信木马是用于献祭的圣物。于是，特洛人把木马拉进城，最终导致了灾难结局。于是，有了名言：Equo ne credite, Teucri / Quidquid id est, timeo Danaos et dona ferentes。意思是"不要相信这木马，特洛伊人 / 即使希腊人带着礼物来，我也怕他们"。这句话

拉奥孔
————
公元前40—前20年
（公元前200年希腊原件复制品）
大理石　208cm×163cm×112cm
梵蒂冈博物馆庇奥－克莱门蒂诺馆

后来衍生为一句俗语"小心带着礼物的希腊人"，与中国谚语"黄鼠狼拜年——不安好心"异曲同工。

这组雕像就是在表现拉奥孔和他的儿子们受到海蛇攻击的情景。刚被发现的时候，拉奥孔的右臂、一个儿子的手掌、另一个儿子的右臂都不见了。于是，艺术家们和鉴定家们对缺损部分的原有姿态争论不休。米开朗基罗认为拉奥孔的右臂应该是弯向肩头，而其他人则认为右臂应伸向空中。教皇组织艺术家们进行了一次非正式的比赛，并请拉斐尔评判。最终，手臂伸展的方案胜出并按此安装雕像。1906 年，在罗马的一处建筑工地上（之前发现雕像的地方）发现了缺失的拉奥孔右臂，正如米开朗基罗所主张的姿势。这条右臂在 1957 年被重新安装到雕像上，之前装上去的儿子们的手和臂也都被更正。在拆装过程中，人们发现原雕像最初比文艺复兴时期的复原像更为紧凑，更像金字塔形状。

在这组雕像中居中的拉奥孔处于极度的恐慌痛苦中，同时也在极力挣脱缠绕自己和儿子的蛇。他抓住了一条蛇，但臀部被它咬住了；他右侧的长子似乎还没有受伤，但已被惊呆，正在奋力把腿从蛇的缠绕中挣脱；他左侧的次子已被蛇紧紧缠住，绝望地高高举起右臂。人物主次分明，相互呼应，由海蛇紧紧缠绕连接。那是 3 具因苦痛而挣扎的身躯，每块肌肉运动都已痉挛接近极限，通体散发出在剧痛和反抗状态下的极度的紧张和超水平的力量。三人表情狰狞绝望，动作激烈拼命，姿态夸张狂暴。雕塑作品所表现出的痛苦撕裂了所有的肌肉、神经和血管，紧张而惨烈的气氛弥漫开来，感染着观者。雕塑作品呈金字塔形，用稳定感消减散开的可能，极度冲突的场面被瞬间凝固。整个作品扭曲而协调、不寻常但逼真，显示了创作者非凡的想象力、超人的艺术表现力和娴熟的雕塑技艺，也表现了他们对运动解剖学的精通。这是一组忠实地再现自然并善于进行美的加工的典范之作，被誉为最著名、最经典的古希腊雕塑杰作之一。

西斯廷礼拜堂的天顶画《创世记》和壁画《最后的审判》

御馆帅——米开朗基罗

梵蒂冈博物馆是和米开朗基罗分不开的。前面已经提到他在梵蒂冈博物馆扩建和成型时所承担的设计、规划和鉴定的角色。梵蒂冈博物馆内有一个墙壁布满绘画的西斯廷礼拜堂（Sistine Chapel），这完全就是米开朗基罗的杰作。

米开朗基罗·博那罗蒂，意大利文艺复兴时期伟大的绘画家、雕塑家、建筑师和诗人。他的传世之作有雕塑作品《圣母怜子》（*Pieta*）、《大卫》（*David*）、《垂死的奴隶》（*Dying Slave*），湿壁画《创世记》（*Creation*）和《最后的审判》（*The Last Judgment*）等，他还设计建造了梵蒂冈圣彼得大教堂和教皇尤利乌斯二世的陵墓。他的艺术风格影响了几个世纪，在人类文明史上留下辉煌的一页。后人将小行星3001以他的名字来命名，以此来表达对他的尊敬。

米开朗基罗对雕塑和壁画的贡献是登峰造极的。我们来欣赏藏在梵蒂冈博物馆和圣彼得大教堂的他的代表作品各一二。

《圣母怜子》也叫"哀悼基督"，是米开朗基罗的成名作。作品1498年在罗马展出即轰动，人们不相信这是只有二十几岁的无名小卒的作品，怀疑作者另有其人。米开朗基罗随即在圣母胸前的肩带上刻下了MICHAELA[N]GELUS BONAROTUS FLORENTIN[US] FACIEBA[T]（佛罗伦萨的米开朗基罗·博那罗蒂所作）。这也是米开朗基罗唯一一件有签名的作品。这件伟大的作品曾经被一个疯子损伤，修复后至今保存在梵蒂冈的圣彼得大教堂里。雕塑是三维作品，比绘画更要求空间感的准确，所以数学因素为其基础就更明显，许多绘画的平面几何因素到了这里就被要求变成了立体几何。如达·芬奇的画隐含着许多稳定情景的三角形，《圣母怜子》的基本结构是被认为立体三角形的金字塔形。圣母并没有站着，而是坐着，还抱着死去的耶稣，好像她已被巨大的悲痛压跨。雕塑作品中人的比例与真人的相比，也略有差异，成年的耶稣更像个孩子，体格似乎比圣母的还要小。这是一种艺术的夸张，以突出主题，即表现圣母的高大和悲痛，以及生和死的对比。同时，这样的伸缩使得作品形成金字塔结构，从而渲染出悲悯、安详和稳定的氛围。而又由于金字塔的结构，这种人体的不均衡被巧妙地掩盖了。除了精美动人且传神的表情、

圣母怜子

米开朗基罗·博那罗蒂
1498年
大理石　174cm×195cm
梵蒂冈圣彼得大教堂

姿态和衣褶语言的表现力，我们还注意到圣母那如少女般的面容和左手。米开朗基罗刻画的圣母不像达·芬奇笔下圣母那样雍容，也不像拉斐尔笔下圣母那样华贵，他创作的圣母更像是处女，更有着圣洁的意味。米开朗基罗除了做了人物身体比例的空间伸缩变换，还做了一个时间变换，他将少女的圣母和成年死去的耶稣从两个时空中统一到一个作品里。圣母左手的姿势表达了奉献，这暗示着圣母背负天命，早就接受了失子的悲剧。因此，通过艺术处理后的形体鲜明地表现出人物情感，使作品具有强烈的感染力。更重要的是，圣母是人，耶稣是神，这件作品表现的主题是人性关爱神性，以此注解文艺复兴的精神。这尊雕像当仁不让地跻身于世界最伟大的雕塑作品行列。

　　1508 年，米开朗基罗受教皇尤利乌斯二世委托开始为梵蒂冈的西斯廷礼拜堂绘制天顶画，完成大约花了 4 年时间。那段时间里，米开朗基罗把自己封闭在阴暗的礼拜堂之内，拒绝外界探访，从脚手架放置、内容安排、构图设计、色彩描绘到完工美化，全部由他一人掌控完成。米开朗基罗一直凭着超凡的智慧和毅力采用一种艰难的姿势——仰着头、扭着腰、举着臂持续作画。一幅幅旷世之作就是在这样的状态下以一种匪夷所思的方式诞生了。教皇委托的壁画内容是星空背景上的十二使徒。但是，米开朗基罗却另选了更复杂的方案，取材于《圣经·旧约》中的《创世记》，整个画组就叫作《创世记》。米开朗基罗在天顶诠释了《圣经》中的话：起初上帝创造天地。地是空虚、混沌、深渊而黑暗。上帝说"要有光"，又说"让一座坚实的圆穹从水中升起与水分开"，圆穹即为天空。上帝还说"照着我的形象造人"，因此世上才有了人。《创世记》的构成非常数学，整个拱形天顶被划分成若干黎曼三角形和黎曼矩形的小块，每块互相独立又整体对称，形成一个美妙的几何体。每个小块都表现了一个《圣经》故事。整组作品描绘了 343 个人物形象。两边的画簇拥着中心，而中心的 9 幅画描述了《创世记》中的 3 组 9 个场景。第一组"神的寂寞"：神分光暗、创造日月、神分水陆；第二组"创造人类"：创造亚当、创造夏娃、逐出乐园；第三组"大洪水"：诺亚献祭、洪水方舟和诺亚醉酒。这些画由绘制的壁柱和饰带分隔开来，其上绘有基督家人、12 位先知以及 20 个裸体人物和另外 4 幅《圣经》故事。米开朗基罗对这些人物进行了立体化处理，人物就像大理石雕刻出来的一样。天顶画的尽头就是满是不同空间层次感的著名壁画《最后的审判》。整个礼拜堂也由此更显得美轮美奂。

《创造亚当》（*The Creation of Adam*）是《创世记》组画中靠中间的一幅。这幅画被分成了两部分，一部分是半躺在大地上的体格青春健美、懵懂而又好奇的亚当，另一部分是飞在天上腋下夹着夏娃坚定而又慈祥的上帝，上帝由一群天使簇拥在一个小环境里，隐喻着天堂。大地和天堂这两个空间通过亚当和上帝在空中似触非触的手指来连接，而人类就在这神圣瞬间的神秘触碰中获得灵魂而诞生，这个碰触点就是时空的坐标原点。这一触令我们产生了无限的敬畏感。这幅画还隐含着第二个触点，这就是亚当和夏娃的眼神交流。这幅作品画出了人和神两个层次上的创造，寓意深刻。画中神和人的姿态极为相似，好像是互为斜面的镜像，暗示着上帝是以自己的形象来创造人的。这样的构图如同数学中神和人互为反函数，大地和天堂互为反空间。

这种空间分割的思想和技法也体现在《创世记》组图中的《大洪水》（*The Great Flood*）上。《圣经》中记载了诺亚方舟的故事。创造了世界的上帝见到地上充满各种邪恶行为，于是计划用洪水消灭恶人。同时，他发现还有一位叫诺亚的好人。于是，上帝指示诺亚建造一艘方舟，带着他的妻儿媳妇以及一些包括雌雄的动物登上方舟。方舟造完后，大洪水开始，这时诺亚与他的家人以及动物们皆已登上方舟并存活下来。

创世记

米开朗基罗·博纳罗蒂
1508—1512年　湿壁画
梵蒂冈博物馆西斯廷礼拜堂

创造亚当

米开朗基罗·博纳罗蒂
1508—1512年　湿壁画
梵蒂冈博物馆西斯廷礼拜堂

一段时间后，诺亚放出鸽子，它带回了橄榄树的枝条，说明洪水已经散去。诺亚一家人与各种动物便走出方舟。最后，上帝以彩虹为立约的记号，不再因人的缘故而诅咒大地，使各种生物存留永不停息。这样，人类得以延续。其实大洪水是世界多个民族的共同传说，中国古代也有大洪水的传说。原因是水神共工和火神祝融发生争斗，共工在一怒之下，撞折了支撑天的大柱子不周山，导致天崩地陷、洪水滔天。

在米开朗基罗的《大洪水》中，地面被洪水分成了几个区域，即将淹没的孤岛、尚可喘息的高地和那个有着希望的方舟等。人们互相搀扶，

大洪水

米开朗基罗·博纳罗蒂
1508—1512年　湿壁画
梵蒂冈博物馆西斯廷礼拜堂

背弱携子，挣扎求生，哀鸿一片。每个区域若即若离，随着洪水的上涨，人们走投无路，呼天无应，坐以待毙。唯有方舟水涨船高，呈现一丝生机。

西墙上的《最后的审判》从但丁的《神曲·地狱篇》中汲取灵感。它是《圣经》的传统题材，主题是人生的终极信仰——因果报应，人在上帝面前将因自己生前的行为获得褒奖升天堂或付出代价下地狱。这在中西方文化中是类似的，如中国俗语说"善有善报，恶有恶报"。这幅气势磅礴的壁画通过对人体语言的表现手法，体现了米开朗基罗的人文主义思想。其内容是耶稣被钉死在十字架上后复活，在天地交界的宝座上审判凡人灵魂。用数学的眼光看，画面也是被划为几个区域：自上而下分成了几个集合——天堂、审判区、过渡区和地狱。集合与集合之间的元素是可以移动的，移动方向和元素本身的性质有关，而移动的条件由中间的那位耶稣裁决。在画面最上端，即靠近天顶两个拱形内，不带翅膀的天使分别围住耶稣的刑具——十字架和耻辱柱。下面占中心地位的是神态威严的耶稣，他正高举右臂进行审判，在他右侧的是圣母；周围的人是他的使徒、门徒。在耶稣左下侧，有一位老人手提着一张人皮，这张人皮的脸就是被扭曲了的米开朗基罗自己的脸。据说，这是米开朗基罗有意添上去的，用这种方式把自己也摆到了被审判的位置。米开朗基罗想说明，在神面前，灵魂是赤裸裸的。全部人物都裸体也反映了这一思想。在耶稣两边，还有许多历史与神话人物。在过渡区，根据自己生前的行为，有人在下坠，有人正在上升。壁画中央下部，有一群吹着号角的天使，召唤所有的灵魂前来受审。画中有 400 多人，米开朗基罗通过上大下小，解决了观者仰视时画中人物的比例难题。这幅巨作在 1541 年揭幕时引起了轰动。

最后的审判

米开朗基罗·博纳罗蒂
1536—1541 年
湿壁画　1370cm×1200cm
梵蒂冈博物馆西斯廷礼拜堂

镇馆将——拉斐尔

　　和米开朗基罗同时代的画坛巨匠还有一位拉斐尔，他们与达·芬奇一起被称为"文艺复兴三杰"。这三位在艺术上高不可攀的艺术伟人几乎出生在同一地区、同一时代，真堪称是历史奇观。

　　拉斐尔·桑蒂，意大利画家、建筑师。在其短短的 37 年人生中，他给世人留下了 300 多幅珍贵的艺术作品，这些伟大的作品奠定了其艺术大师的地位。因为这三杰曾同居一城，拉斐尔比达·芬奇年轻许多，并

自画像

拉斐尔·桑蒂
1506 年
木板油画　45cm×33cm
佛罗伦萨乌菲齐美术馆

受过达·芬奇的照应，所以他又有达·芬奇学生之说。可惜的是天妒英才，拉斐尔37岁就因一场疾病早早地结束了他那灿烂的艺术人生，让后人唏嘘不已。也使人感叹，如此年轻就有如此成就，他是不是从别的时空穿越过来的？

179

梵蒂冈博物馆签字大厅墙壁上画着拉斐尔传世之作《雅典学院》。这幅画体现了拉斐尔崇尚的古希腊精神，追求自由意志的人文主义理想。拉斐尔以古希腊哲学家柏拉图（Plato）所建的雅典学院为题，以古代7种自由艺术——语法、修辞、逻辑、数学、几何、音乐、天文为基础，表现人类对智慧和真理的追求。

全画以纵深展开的高大建筑拱门为背景，大厅汇集着不同时代、地域和学派的多个著名学者。他们在自由地讨论，好像在举办着盛典，通幅洋溢着百家争鸣的气氛，凝聚着人类智慧的精华。画中大厅是以圣彼得大教堂为范本的，左右两侧的壁龛里分别供立着智慧女神雅典娜和光明之神阿波罗的雕塑，这显然又有米开朗基罗的影响。聚向中心透视点的层层拱门，直通遥远的天际。拱门和地下的方块装饰暗示着哥白尼（Nicolaus Copernicus，他于1530年提出日心说）之前人们对自然的天圆地方的认识，从而形成一个极其神圣的氛围。学者们被自然而富有韵律感地对称置于台阶两侧，中心是两位伟大的哲学家——柏拉图与亚里士多德（Aristotle），他们似乎正在进行着激烈的辩论，并向观者走来。亚里士多德右手掌向下，反映了他的唯物世界观，关注现实世界；柏拉图则右手指向上，表示了他的唯心世界观，感念神灵启示。这两个相反的手势，表达了他们哲学思想的对立。画中央的台阶上，躺着一个不修边幅、略显孤寂的犬儒学派哲学家第欧根尼（Diogenes），他有点像我们的济公，看来邋遢智人哪里都有，而这个游仙式的人物起到了承上启下、左联右接的作用。台阶之下靠画面左侧，以坐在地上专注书写的数

雅典学院

拉斐尔·桑蒂
1510—1511 年
湿壁画　500cm×770cm
梵蒂冈博物馆签字大厅

学家毕达哥拉斯（Pythagoras）为中心，边上站立的白衣女子是为维护真理而惨死的女数学家希帕蒂娅（Hypatia）。台阶之下靠画面右侧那组，中心人物是弯腰俯背、手执圆规在黑板上进行演算的几何学家欧几里得〔也有人说，他是数学家、力学家阿基米德（Archimedes）〕，周围是他的 4 个学生。旁边那个手持天文仪的是天文学家托勒密。在托勒密的旁边，那个露出半个脑袋、头戴深色圆帽的青年，就是这幅画的作者拉斐尔本人——他以这种方式实现了穿越。把自己偷偷画进历史题材又只占一小角，反映了画家自负而又谦卑的心态。对观者来说，这种穿越使得画作的时代感拉得更加绵长。

公元前 3 世纪，欧几里得的《几何原本》在古希腊问世。那时，数和形是分开的，对于画家来说，他们更有兴趣研究几何对其画中形状起的作用。将抽象的几何赋予生命，在画布上展现其内涵还是从文艺复兴开始的，画家开始使用数学去探索和谐比例，先驱就是达·芬奇将数学和艺术关联在形式美上。形式美研究比例、和谐、均衡、对称等美的形式，刚好这些视角就是数学最深的主题。例如，从对称引申的均衡则是现在博弈论的主题，由基本几何形状演变成了今天的新分支分形数学。关于透视和画面几何分布，达·芬奇已有很多研究心得。拉斐尔无疑是个好学生，而且青出于蓝而胜于蓝。对比达·芬奇的《最后的晚餐》，《雅典学院》将透视技巧运用到了极致，从后窗望去，云空延伸到了无穷。在房间的构图上，圆弧拱、柱体、方块等基本几何元素构成了画的基本框架，在这个框架下形成的舞台上和谐优美地闪烁着人类思想的光芒。这比起达·芬奇所创造的舞台更加宏伟、更具纵深感，也有更强的表现力。我们看到拉斐尔让代表数和形的毕达哥拉斯和欧几里得（阿基米德）分占前排的左右两侧，在整个画面中起到基石的作用，这反映了数学在他心目中的地位。而柏拉图对数学也相当有造诣，考虑到这点，数学在整个画面上又形成了一个稳定坚强的三角形，这也象征着古希腊的文化殿堂由数学支撑。

THE VATICAN MUSEUM

梵蒂冈随记

到访梵蒂冈是意大利访问的一个小插曲。有了意大利签证就可以了，不需要另外签证。到了罗马，顺便造访梵蒂冈就算是多去了一个国家。

虽然去之前就知道梵蒂冈博物馆了不起，但实际一去还是被惊艳到了，远远超出了我想象中的了不起。原以为因坐落在一个宗教圣地，博物馆的展品大概也很"宗教"，没想到那些艺术珍品远远超出宗教的含义。我直纳闷，博物馆里收藏了许多文艺复兴后的艺术珍品，而文艺复兴的方向是淡化宗教、回归人文，这不是宗教应该反对的东西吗？在博物馆里，我看到那些借或不借宗教外衣的艺术品都灿烂辉煌，但这些被宗教机构收藏的艺术品仍然占据着重要地位。这么说来，宗教也在与时俱进，另一方面这也佐证宗教更需要艺术。

进入梵蒂冈要注意不可穿短裤、短裙、拖鞋。我去的季节倒是冬天，但有一个朋友夏天造访时正是穿了条短裤，她一看形势不对，从背包里抽出一件上衣，将两个袖子往腰间一扎，衣服勉强过膝盖，才蒙混过关。也许没有赶上重大的宗教活动，我访问梵蒂冈时感觉那里并不像一个宗教场所，倒更像是一个艺术沙龙。那里聚集着来自世界各地不同肤色、不同种族、穿着五花八门、说话南腔北调的游客，加上色彩斑斓随风飘动的旅游旗和噼里啪啦来自各方向的闪光灯，我很难想象自己来到一个宗教圣地。进入圣彼得大教堂要安检，这才能使乱七八糟的游客们收敛点。圣彼得大教堂高大、气派、庄重，有点慑人的意味，它的庄严却被闹哄哄的游客减效了不少。

到了梵蒂冈博物馆，人们却安静了，艺术的确有一种震慑灵魂的力量。当我看到《拉奥孔》时，忽然明白了什么叫可以触摸的痛苦。在《雅典学院》面前，我就想有没有一幅画可以把老子、庄子等中国先知们放在一起，当然如果真有这样的画，我们也允许画家占据画面中的一个位置……

Collection 4 乌 菲 齐 美 术 馆

THE
UFFIZI GALLERY

乌菲齐美术馆正门

　　乌菲齐美术馆（The Uffizi Gallery）曾经是美第奇家族的政
务厅，政务厅的意大利文就是uffizi，美术馆因此得名。乌菲齐美
术馆以收藏欧洲文艺复兴时期和其他各画派代表人物，如达·芬
奇、米开朗基罗、拉斐尔、波提切利（Sandro Botticelli）、丁托列
托（Tintoretto）、伦勃朗、鲁本斯、安东尼·凡·代克（Anthony
van Dyck）等的作品而驰名，也藏有古希腊、古罗马的雕塑作
品，藏品极丰富。美术馆位于佛罗伦萨市，佛罗伦萨在意大利语中

乌菲齐美术馆侧窥

的意思是鲜花之城。对于艺术爱好者来说，乌菲齐美术馆无疑是这座鲜花之城中的最为瑰丽的蓓蕾。镇馆之宝有波提切利的《维纳斯的诞生》（The Birth of Venus）和《春》（Spring）、达·芬奇的《三王朝圣》（Adoration of the Magi）、拉斐尔的《金丝雀圣母》（Madonna of the Goldfinch）、米开朗基罗的《圣家族》（Holy Family）以及提香的《花神》（Flora）等。在人们心中，乌菲齐美术馆就是文艺复兴美术馆。

乌菲齐美术馆内部走廊

见证并展示美的诞生

文艺复兴运动（原词为法文 Renaissance）是指 14—16 世纪发生在西欧各国的由资产阶级主导的思想解放和文化发展运动。经过漫长的中世纪黑暗时代的沉默，文艺在曾高度繁荣的古希腊和古罗马的故土上"再生"与"复兴"。究其原因，尽管意识形态上资本主义的萌芽是催生剂，但冲破了宗教束缚的科学才是其内在动力。文艺复兴的核心是人文主义，将关注点从虚无缥缈的神转移到现实生活中的人上，肯定人的尊严和价值，倡导个性解放，反对迷信神学。这时，科学从中世纪的神学枷锁中解放出来，用一种全新的形态，以天文学和医学作为突破口，闪亮登场，充满活力，有力地促进了思想启蒙。这时，实事求是的精神取代了盲目迷信的行为，同时为资产阶级提倡的民主、平等和自由的思想准备了文化摇篮。事实上，科学的进步促使文化艺术全面而蓬勃地发展。

文艺复兴时期，科学意识强烈渗透到绘画中，我们先来欣赏乌菲齐的镇馆宝——波提切利的两幅名作。

桑德罗·波提切利，原名亚历桑德罗·菲利佩皮（Alessandro Filipepi），波提切利是他的艺名。他出生于佛罗伦萨的一个手工业者家庭，早年学习的是金匠技术，后在老师的指引下走上绘画之路。15 世纪 80—90 年代，他是佛罗伦萨最出名的艺术家，是文艺复兴时期的代表人物。波提切利的人文主义思想显著，其作品充满世俗精神，其画风典雅秀美。许多他的绘画作品都是古希腊与古罗马神话题材。他大量采用异教题材，大胆描绘全裸的人物，对以后绘画发展的影响很大。《维纳斯的诞生》和《春》就是他最出名的代表作品。然而世事多变，人性难测，对信仰的摇摆不定让他晚节不保。1492 年，

维纳斯的诞生

桑德罗·波提切利　1845 年
布面蛋彩画　172.5cm×278.5cm
佛罗伦萨乌菲齐美术馆

佛罗伦萨发生政治巨变，宗教极端主义者掌权。波提切利附随回归宗教保守，在臭名昭著的"虚荣的篝火"中烧毁了自己的多幅作品。当然，这个逆潮流的举动终结了波提切利自己的艺术之路，让人惋惜不已。他晚年贫困潦倒，靠接济度日，最后死于穷困和寂寞之中。

　　这幅《维纳斯的诞生》受益于波提切利在一首长诗中得到的启迪，他运用浪漫主义的处理方式，借以极富想象力的构图，创造出一个瑰丽和奇幻的神话幻境。这个幻境落在了塞浦路斯的海边，神仙们都被展现为理想的人形。在宁静的气氛中，从海洋中诞生的美神维纳斯优雅地站在漂浮着的贝壳上，她的气质娇柔纯洁，金色长发被风扬起、缠绕着她珍珠般玉体，她的目光清亮却迷惘。画面左侧的西风神

维纳斯的诞生

亚历山大·卡巴内尔　1863 年
布面油画　130cm×225cm
巴黎奥赛博物馆

仄费罗斯（Zephyrus）将她轻吹送岸，被西风神抱着的春神克洛里斯（Chloris）在漫天散花。右边的时序女神荷赖（Horae）身着盛装，举着用天上的星星织成的华丽锦衣迎接维纳斯。维纳斯是希腊神话中掌管爱与美的女神，这幅画在文艺复兴时期诞生，有很强的隐喻性，因为爱和美分别是人性和科学的真谛，这恰恰是文艺复兴运动的精神内核。波提切利的传世之作无疑是光彩夺目的。《维纳斯的诞生》的构图雅致，人物形成一个优美三角形，营造了一种和谐的气氛。维纳斯立于三角形中轴位置，形成三角形两边的神仙起到了烘托主题的作用。原本较虚的三角形底部，画了一个像花一样绽开的贝壳，把维纳斯衬托得飘而不乱，清逸且稳。背景处的海洋悠远平静，众神飞舞欢悦，使得画面既活泼又精致，更衬托出维纳斯的脱俗不凡，真是美不胜收。

《维纳斯的诞生》还有另一层涵义。当时的佛罗伦萨流行着一种新柏拉图主义的哲学思潮，认为美不可能靠什么方式从不完美中完善，而只能是与生俱来的，即美是不生不灭的永恒。画家用维纳斯的形象来解释这种美学观念，因为维纳斯一生下来就是完美的少女，无童无老，永葆美丽。

维纳斯的诞生

威廉－阿道夫·布格罗
1879年
布面油画　300cm×215cm
巴黎奥赛博物馆

有美的精致，有天的辽阔，有海的变换，也有神的玄秘。维纳斯的诞生一直是画家们津津乐道的画题，不同时代的画家们用着自己的画笔加上自己的理解对这个主题加以诠释。其中比较出色的是法国学院派画家亚历山大·卡巴内尔（Alexandre Cabanel）和威廉–阿道夫·布格罗（William–Adolphe Bouguereau）创作的两幅作品，它们都藏于奥赛博物馆。这两位同时代的画家都把维纳斯画得非常唯美，一展学院派美术的润腻精妙。卡巴内尔画的维纳斯是半睡半醒的枕浪卧姿，陪同她的只有飞在天上的一群小天使。布格罗画的维纳斯也是站姿，但她好像不是刚出生，而是已谙尘世并有些搔首弄姿，背景里不仅有不少小天使，众神也没有缺席，再加上小海豚，显得画面有些拥挤。相比之下，还是波提切利笔下维纳斯的那种懵懵懂懂的表情，那种身立美中不觉美的状态更能打动人。

波提切利的另一幅名作《春》也表现了爱和美的主题。《春》又被称为《维纳斯的盛世》，创作灵感也来自一首长诗。《春》的主角仍然是维纳斯。波提切利用音乐和诗般的绘画语言描述春天。这幅画韵律感极强，背景被设置为幽深且点缀着鲜花的森林，以衬托人物的鲜明。神话中的维纳斯是美丽和爱的象征，在波提切利笔下她还代表了生命之源。她站立画面中央，比众神稍后，但却没有因后而小，相反更高大。维纳斯背后恰好出现了一块森林形成的疏空拱形，好像是头顶光环，使得她的形象极为抢眼，当仁不让地成为主角。画面右上方是充满情欲的西风神仄费罗斯，他正鼓着腮帮子飘然追拥着正含着花枝的春神克洛里斯。克洛里斯半推半就地做着逃离风神的姿态，同时还拉着正在散花的花神弗洛拉（Flora）。据说，这俩就是一个神的两世，克洛里斯最终嫁给了西风神。被鲜花装点的花神向大地撒着鲜花；维纳斯头顶上飞翔着手执爱情之箭的小爱神丘比特，她右手边是美惠三女神在手拉手翩翩起舞；画面最左端是神使墨丘利（Mercury），他有一双飞天鞋，手执伏着双蛇的和平之杖，其手所到之处，冬霾尽散，春回大地，百花盛开，万木复苏。画中神的情绪洋溢着凡人的趣味。虽然表情不是非常欢愉，故事情节却也跌宕起伏，一如波提切利的风格，早春寒似乎还在其作用。

波提切利在这幅画里，将众多的人物从左至右横列排开，不完全遵守透视原理，借人物各自的动作使画面活泼流畅。维纳斯头顶上的丘比特，恰好和众神一起形成了一个三角形。但这个弱化的三角形并没有用于稳定画面，而是通过其顶点强调位于中心的维纳斯，进而表达爱和美之主题。这幅创作于文艺复兴时期的杰作，隐喻着中世纪黑暗的结束，预言着文化春天的来临。

精彩纷呈的希腊诸神

说到文艺复兴时期晚期的画家，一定会提到威尼斯画派代表提香。他的意大利语名为提齐亚诺·韦切利奥（Tiziano Vecellio），英语系国家常称他提香。提香出生于意大利东北部阿尔卑斯山地区的卡多列，10 岁时随兄长到威尼斯学画。在提香所处的时代，他被认为是意大利最有才能的画家之一，有着"群星中的太阳"的美誉。他在风景画、肖像画、神话画和宗教画方面都有造诣。他不仅影响了文艺复兴后期意大利的画风，也对西方艺术产生了深远的影响。

提香有不少传闻逸事。他在世时已享有盛名，受到同时代人的仰慕，在威尼斯过着奢侈的生活。他和当时顶级的文学家、艺术家交往，互相汲取艺术营养和创作灵感。他也得到了祖国和外国亲王授予的最高荣誉，一些达官贵人亲临他的画室，请他为他们画像。传说神圣罗马帝国的皇帝查理五世（Charles Ⅴ , Holy Roman Emperor）前呼后拥地到访了

春

桑德罗·波提切利 约1480年
木板蛋彩画 207cm×319cm
佛罗伦萨乌菲齐美术馆

花神
——
提香
1517年
布面油画　79.7cm×63.5cm
佛罗伦萨乌菲齐美术馆

他的画室，发现一枝画笔掉到了地上，便俯身去捡。提香说："我不值得你为我捡起一只画笔。"查理五世风趣地回应："世上最伟大的皇帝恺撒都应该服侍你。"可见，艺术在这位皇帝心中的地位多高。

乌菲齐美术馆珍藏着提香的《花神》，花神是希腊神话中的女神，主管鲜花、繁殖和春天。我们在波提切利的《春》看到她正在撒花的倩影。那么，提香又是怎样来诠释这位女神呢？提香笔下的花神并不是一般人想象中的青春少女，而是一个风韵优雅的少妇，或许这样能更好体现"繁殖"的内涵。这位花神是和达·芬奇笔下的那位蒙娜丽莎差不多同龄的妇人。她没像蒙娜丽莎那样名满天下，或许是少了一点蒙娜丽莎的神秘，尽管她本身花神的身份就是很神秘的。在提香笔下，花神的表情专注但清纯，身材丰满温腻，半露酥胸，右手捧着一把鲜花，似乎在考虑撒向哪里。左手攥着好似藏着鲜花的衣袖，好像随时准备翩翩起舞，漫天散花。画家的技艺令人惊叹，色彩和光线的应用极为高超。

说完花神，再说酒神。希腊神话中的酒神叫狄俄尼索斯，对应的罗马名叫巴克斯。酒神常表现出一种欢乐、纵情、潇洒和自由的精神，这恰恰也是文艺复兴的精神。乌菲齐美术馆珍藏着一幅卡拉瓦乔的《酒神》（*Bacchus*）。

米开朗基罗·梅里西·卡拉瓦乔，意大利著名画家，通常被认为属于巴洛克画派，对巴洛克画派的形成有重要影响。卡拉瓦乔的一生充满危险的谜团。1600 年，他在罗马的艺术圈突然现身，立即引起艺术界注意，他的宗教画充满叛逆精神，不同寻常的设计、强烈的戏剧色彩和对光线明暗的反差应用都引起了极大争议。然而，关于他的争议不止在艺术界，他一直有很多打架斗殴的负面报道伴随。1606 年，这种街头摩擦到了极致，卡拉瓦乔在争斗中杀死了人，于是他逃离罗马。不过，他的街殴史并没有就此结束。1608 年，他又在马耳他卷入另一场街殴，随后的 1609 年，在那不勒斯又是街殴，这次可能是有不明来历的仇家来索命。到了下一年（1610 年），度过十年出头的画家生涯后，卡拉瓦乔离开了人世。

乌菲齐收藏的《酒神》画的虽是酒神巴克斯，可其形象已明显俗化了。这个巴克斯虽然也在喝酒，也有水果花叶装饰，但已完全没有古希腊雕像中酒神的那种唯美精致。他露出的半边身体肌肉发达，却不是那种神仙的"健美"，皮肤的色彩深浅不一，有种劳作的艰辛。面部刻画很精致，更像是装扮的，表情有些凝重，并没有狂欢的痕迹，身上披的只不过是桌布或床单。所以，这个酒神更像是一位普通的劳动男孩"扮演"的巴克斯。

酒神

卡拉瓦乔
1598 年
布面油画　95cm×85cm
佛罗伦萨乌菲齐美术馆

生病的年轻酒神

卡拉瓦乔
1593年
布面油画　67cm×53cm
罗马博尔盖塞美术馆

作为对比，再来欣赏一下卡拉瓦乔较早创作的《酒神自画像》（*Self-Portrait as Bacchus*）。这幅《酒神自画像》也被称为《生病的年轻酒神》（*Young Sick Bacchus*），是卡拉瓦乔病中装扮成酒神画下的自画像。对比乌菲齐的那幅《酒神》，这幅画的布局差不多，也有水果，也有花叶，但少了主角——酒。酒神的脸部没有了健康或酒后的红润，而是苍黄的病态。还是"扮演"，但病态让酒神更平民化了。

危机四伏的三王朝圣

说到文艺复兴，不能不提文艺复兴的旗手达·芬奇。乌菲齐美术馆收藏了达·芬奇一幅没有完成的画作《三王朝圣》。这幅画还有别的译名，如《三圣贤来拜》等。题材取自《圣经》：耶稣降生之时，在其诞生地伯利恒城的上空，出现了一颗极为明亮的星星。这时，在遥远东方的三位国王（也有叫三位贤人或三位博士）知道人类的真主已降临人间，于是他们携带礼物与家丁，浩浩荡荡地前往那颗明亮星星照耀之处，最终来到伯利恒参拜了刚出生的小耶稣。

这段故事，被画家们演绎成不同版本，存世的画作就几十幅。达·芬奇 1482 年创作的这个版本是他 30 岁时创作的，是他现存作品中的珍品。在这幅未竟大作中，我们只能看到画的结构和布局，好像最后的上色没有完成。但仅看结构和布局，我们已可以欣赏达·芬奇一贯数学般的严谨精确。达·芬奇采用了一种动静对比和远近呼应的手法。圣母抱着婴儿居中，三位做着朝拜姿势的国王形成一个三角形将圣母围住。三角形的构图带来一种安详和稳定，但画面并没因这个三角形而显得呆板，手势和身体姿态稍显激动的围观群众形成了一个漩涡，在三角形外回旋。背景透视精确，画出了建筑的延伸向外，与远方飞奔的马队相接，直至遥远的东方，暗示着朝拜者的出处，以呼应主题。

三王朝圣

达·芬奇　1482年
木板木炭画、墨水、水彩和油彩
244cm×240cm
佛罗伦萨乌菲齐美术馆

不过这幅画背后的故事一如达·芬奇的各种密码离奇诡谲。当时达·芬奇年轻力壮，为什么没完成画作？在其尚未完成的模糊形式中，众多的形象令人不禁产生困惑之感：这群怀揣敬意和好奇心的漩涡式站位的朝圣者围在圣母子周围，圣母子虽是作品的中心，但周围人群的包围让两人显得有些势单力薄，似有被吞噬的感觉。联想到孩子的未来，这个稍带威胁的意向不仅意味三个国王献上的象征性的礼物，还暗示了未来的悲剧。

这幅画的修复过程也是一波三折。此画长时间面朝下背朝上地被弃于一个潮湿的环境之中，以至于造成了木板背面有多处的虫蛀和水浸泡的损毁现象。经史料记载分析，此画有一个长达 140 年的空白记录。科学家通过红紫外线对画的正面进行了探查。分析显示，画上的颜料涂抹粗糙又外行，与达·芬奇的那种妙笔生花相去甚远，铅白层还有不正常的涂擦痕迹，这表明曾经有人做过清理。于是，有结论说此画在被弃多年之后曾被清理，后由一位不知名的画家改动了底稿，并草草地画上了最上层的颜料。后在科学仪器的帮助下，科学家们重现了达·芬奇的原作底稿，并且在底稿上发现了达·芬奇 30 岁时的素描自画像。在肉眼可见的画上，背景中有两匹烈马正在厮打，但在后发现的原作底稿上，马背上的骑士也清晰可见，双方正在激烈拼杀。这表明 30 岁的达·芬奇在创作《三王朝圣》时，就已经在为他 52 岁时创作的那更神秘的壁画《安吉里之战》（*The Battle of Anghiari*）做准备。

科学家认为，达·芬奇的《三王朝圣》可能是教会审查的牺牲品。保守的教士们委托达·芬奇画一幅圣坛装饰画，他们无疑在期待达·芬奇能够精彩地展现万众欢腾庆贺耶稣降生的传统画面，但达·芬奇却构造出了一幅革命性的异类作品。圣子周围的混乱人物布局已经让人不安，把一个酣战的场景包括在内更是闻所未闻。人们推断了这幅画的命运，教士们拒绝接受这样一幅大逆不道的画，达·芬奇便没有将它完成，还把它丢弃在了一个漏水的仓库里。很多年后，当达·芬奇的作品变成市场上价值不菲的畅销品时，它被拿出来清理了一番。一个匿名的艺术家拙劣地修改了达·芬奇的底稿并涂上颜料，把它变成一幅更好卖的经典宗教画。而达·芬奇的真实构想被掩藏在了重重颜料之下，成为一个达·芬奇式的难解密码。当然也有别的说法，如达·芬奇未完成此画就去了米兰十几年，这幅画就这样被耽误了。

在创作自己的版本前，达·芬奇肯定知道贝诺佐·戈佐利（Benozzo Gozzoli）创作的湿壁画《三王朝圣》和波提切利绘制的蛋彩画《三王朝圣》。

贝诺佐·戈佐利画在美第奇－里卡迪宫的《三王朝圣》则无宗教痕迹，而是一幅美第奇家族游猎行乐图。三位骑马的国王正是美第奇家族父

三王朝圣

贝诺佐·戈佐利
1459—1461年
湿壁画　405cm×416cm
佛罗伦萨美第奇-里卡迪宫

三王朝圣

桑德罗·波提切利
1476年
木板蛋彩画　111cm×134cm
佛罗伦萨乌菲齐美术馆

子三人。戈佐利套用三王朝圣的名头，借用游行场面，展现佛罗伦萨城中权贵们出巡或节日游行的奢侈排场，反映文艺复兴时期注重人的特点，有一定现实意义。这幅画采用透视的手法，场面巨大，人物众多，山道崎岖，就像数学中的各种曲线。下笔精细入微，既吸收了中世纪的细密画传统，又掺入了凡俗的人情世故，很有意思。

波提切利有四幅《三王朝圣》流传于世。他受钱币兑换商行会委托而作的那幅现藏于乌菲齐美术馆。这幅画中，圣母抱婴居上中，三王在下朝拜。虽然四人也形成一个不太稳定的四边形，但这次圣母位于四边形的上顶点，其他围观者也比较平静，所以这就是一个较普通的朝拜。不过有意思的是，波提切利把自己放了进去，他占据右下角的位置，回首看向观者，颇有些想当历史见证人的意味。

科学精神的象征——伽利略

在文艺复兴时期有一位影响深远的科学家是必须要提的，这就是伽利略。

伽利略·伽利雷（Galileo Galilei），意大利数学家、物理学家、天文学家，实验科学的先驱。他融会贯通了数学、物理学和天文学三门学科，创立了实验的科学方法。他利用望远镜观察天体并取得大量成果，通过实验总结出自由落体定律、惯性定律和伽利略相对性原理等，从而奠定了经典力学的基础。他以系统的实验和观察推翻了思辨传统的自然观，开创了以实验事实为根据并具有严密逻辑体系的近代科学，因此被誉为"现代科学之父"。他的工作为牛顿的理论体系奠定了基础。他反对陈规旧俗，受到教会迫害，是一位为维护真理不屈不挠的战士。他在1632 年发表了《关于两种世界体系对话》（*Dialogue Concerning the*

伽利略

阿里斯托德莫·科斯托利
1851年　大理石
佛罗伦萨乌菲齐美术馆凉廊

Two Chief World Systems），支持和发展哥白尼的日心说，后被罗马教廷判处终身监禁。1992年，在伽利略蒙冤360年后，梵蒂冈教皇约翰·保罗二世（John Paul Ⅱ）宣布撤销对伽利略的异端审判。恩格斯称他是"不管有何障碍，都能不顾一切而打破旧说，创立新说的巨人之一"。

　　在乌菲齐美术馆之外有一尊伽利略的雕像。他在深沉远眺，左手握着望远镜，右手略微抬起，似乎在辅助思考，脚边还有个地球仪。这尊雕像传神地塑造了一位科学家的形象。

博物馆艺术拾珍

THE
UFFIZI
GALLERY

乌菲齐随记

　　一提起乌菲齐，就想起佛罗伦萨，想起文艺复兴，想起美神、花神、酒神。所以，乌菲齐美术馆也可以说是文艺复兴美术馆。我造访这座美术馆是十多年前的事了。当时我在环游意大利，去过罗马后，满脑子都是梵蒂冈和罗马博物馆的珍美艺术品。特别是文艺复兴之后艺术的灿烂辉煌让人目不暇接，于是更期待这座文艺复兴美术馆。然而，天不遂人意，也是由于当时信息渠道不如今天通畅，到了乌菲齐才发现当天闭馆，只能拍张空空如也的外景照片，未能欣赏到那些久仰于心的艺术大作。那种遗憾至今让人闹心。还好佛罗伦萨这座美丽城市和其他灿烂访地，让我略微弥补了一点这种遗憾。

Collection 5　奥 赛 博 物 馆

MUSÉE D'ORSAY

奥赛博物馆外

　　法国的首都巴黎是一座浪漫的城市，各种各样的博物馆有 100 多座，其中世界闻名的博物馆就有好几座。对于喜欢艺术的游客来说，奥赛博物馆（Musée d'Orsay）是不能不去的。这座博物馆位于塞纳河左岸，与卢浮宫隔河相望。博物馆设在建筑师维克多·拉鲁（Victor Laloux）为 1900 年万国博览会设计修建的火车站中，馆内主要陈列 1848—1914 年创作的西方艺术作品，这些作品包括绘画、雕塑、装饰品、摄影作品、建筑设计图，显示出那个现实主义、印象主义、象征主义、分离主义、画意摄影主义等流派大师辈出的时代所具有的令人难以置信的艺术创造力。作品在此展出的艺术家的名字也如雷贯耳，有爱德华·马奈（Edouard Manet）、克劳德·莫奈（Claude Monet）、皮埃尔－奥古斯特·雷诺阿（Pierre-Auguste Renoir）、埃德加·德加（Edgar Degas）、保罗·塞尚（Paul Cezanne）、奥古斯特·罗丹（Auguste Rodin）、保罗·高更、文森特·梵高等。19 世纪下半叶至 20 世纪初期最著名的艺术家的作品一馆皆收。

印象派的印象

在众多流派中，最值得一提的是印象派（Impressionism）。印象派是由工业革命引发的艺术革命。当时的新思潮如长江后浪推前浪，在旧理念走向没落并淡出历史舞台之时，如凤凰涅槃，闪亮登台，展现出蓬勃的生命力。全新的摄影艺术随即诞生，而绘画的理念也发生了翻天覆地的变革。艺术家们在方寸画布上，左冲右突，寻找出路。那段时间，西方艺术各种流派频出，"画样"翻新。有的昙花一现，有的传承下来，也有的在艺术史上留下了浓墨重彩。印象派就是诞生在这些探索中，在19世纪末到20世纪初盛行于法国，后传播到全球。印象派的特征就是从画面的精雕细刻中走出来，通过颜色、光线等元素来刻画对象的外在形态、内在韵味和观者的主观感觉。

在一些普通观者的印象中，奥赛博物馆就是印象派博物馆，那是因为印象派的作品是比较"亲民"的，即他们表现的题材让人比较熟悉，观者容易和创作者产生共鸣，同时还可以有自己想象的空间，

奥赛博物馆内瞥

而且很多作品都耳熟能详。印象派的作品散落在世界各地的博物馆，而奥赛的收藏恰恰比较集中。

印象派的名称来源于莫奈1874年在一个另类画展中展出还受到嘲讽的画作《日出·印象》（*Impression，Sunrise*）。画家用画笔描绘出了光线变化率极大导致的瞬间即逝的早晨美景及他对此的感受。这幅画戳了学院派老顽固们的神经，他们不能接受"模糊"信息的表达，依据传统的观点将其归于"太粗糙、太随便"，甚至挖苦画家脑袋进了糨糊，在画布上也泼了糨糊，还讽刺这类画统统都是"印象主义"。没想到，起到相反作用的是，这酸溜溜的话却给了这个新画派一个充满生命力并影响

了之后数百年的名字——印象派。而印象派也像这幅画所暗示的那样，尽管形象不清，却像朝阳一样，在那个时代即将喷薄而出。后来，这个称号成了这个充满生命力的画派的象征，莫奈也成了印象派最主要的先驱和代表人物。

209

在这幅画中，除了三艘轮廓依次递变的小船，海港和岸边的细节不再清晰，给人一个整体模糊的感觉，好像在睡眼惺忪中看到的清晨港口的朦胧景象，那轮在画面黄金分割位置上的红红的朝阳及它在水面的光影点醒了画面，与观者真切切地分享着那种早起推窗、呼吸晨曦、沐浴朝霞、身临其境的感觉。

印象派与模糊有点"英雄略同"。在处理模糊印象方面，艺术走到了科学的前面。数学一直以处理精准清晰而著称。在印象派横行的年代，画面"印象"了，但数学家们还不知如何处理生活中大量的模糊概念，还在和准确较劲。直到一个世纪后，为满足实际中处理大量界限不分明的模糊信息的迫切需求，模糊集合、模糊逻辑的理论发展起来，随后延伸到模糊拓扑、模糊测度论、模糊代数学、模糊分析学、模糊群、模糊图论、模糊概率统计等数学领域。1965 年，控制论学者拉特飞·扎德（Lotfi Zadeh）在《信息与控制》（*Information and Control*）杂志上发表论文《模糊集》（*Fuzzy Sets*），这标志着模糊数学这门新学科的诞生。很快，模糊性概念有了模糊集的描述方式，人们可以用模糊数学来识别、判断、评价、推理、预测、决策和控制的模糊过程。这样，它在模糊信息处理、模式识别、人工智能等方面就有了广泛的应用，使得数学在各个领域扩展了应用范围，进而发挥非常重要的作用，取得巨大的成果。当然，模糊数学与印象派不同的是，前者仍然是客观的。

日出·印象

克劳德·莫奈　1872年
布面油画　48cm×63cm
巴黎马蒙坦 - 莫奈博物馆

印象派的旗帜——莫奈

　　克劳德·莫奈，法国画家，印象派代表人物和创始人之一。莫奈长期探索光色与空气的感觉效果，特别擅长表现光与影，对色彩的把握和运用也相当细腻。他通过创作许多相同主题作品来实验色彩与光的表达方式。他认为色彩会因观察位置、受光状态和环境的不同而发生变化，也受到创作者主观情绪的影响。他常常在变换的条件下，对同一对象做多次描绘，从自然光色的千变万化中捕捉感觉。这时，被绘对象的细节已不再重要，而画家通过被绘对象并不清晰的姿态和其微妙细腻的光线变幻表达了更为丰富的情感内涵和层次，从而使作品有了更强烈的感染力。晚年的莫奈近乎失明，但仍可以凭印象作画。

持伞的女子

克劳德·莫奈　1875 年
布面油画　100cm×81cm
华盛顿美国国家美术馆

持伞的女子

克劳德·莫奈　1886 年
布面油画　131cm×88.7cm
巴黎奥赛博物馆

《持伞的女子》（*Woman with a Parasol*，P210）就是奥赛博物馆收藏的莫奈的代表作。画中妇人的脸部轮廓模糊，但整个画面色彩的基调明亮，红黄绿中洋溢着青春的气息，使人能感受到画中人物的年轻美丽；云的飘浮动感极强，加上草和头巾的舞动，不禁让人感觉有如阳光沐面、和风袭脸。画中天地不分，背光给人镶上金边，视角由下而上，头巾和天空的颜色一致，伞裙和大地的颜色调和，让人觉得少妇和大自然融为一体，富有强大的生命力。整体青春的氛围给人物的美丽留下了无尽的想象空间，从而也将画的空间从方寸之域拓展延伸到一个观者与画家共同创造的空间。

莫奈以"持伞的女子"为主题画了3幅作品，这3幅画联系了莫奈的坎坷的婚姻生活。最早的一幅是莫奈于1875年以妻子卡米尔为模特创作的，现藏华盛顿美国国家美术馆（P211）。这幅画有旋转的感觉，作品完成4年后，莫奈生活也遭遇大逆转，32岁的卡米尔死于癌症。莫奈痛苦万分，他觉得最好的纪念方式就是将她的临终状态用画笔记录下来，于是创作了《临终病榻上的卡米尔·莫奈》（*Camille Monet on Her Deathbed*），这幅画也藏在奥赛。卡米尔去世后，莫奈住在他的朋友画商和艺术批评家欧内斯特·欧希德（Ernest Hoschede）位于乡下的一栋别墅里，欧内斯特的妻子爱丽丝·欧希德（Alice Hoschede）帮助莫奈照顾孩子，将他的两个儿子带到巴黎，和自己的6个孩子一起生活。1886年，莫奈以欧希德夫妇的大女儿苏珊娜为模特创作了后面的两幅《持伞的女子》（其中一幅见P210），这两幅都藏于奥赛。1892年，在欧内斯特去世后，莫奈和爱丽丝重组了家庭。莫奈的大儿子让后来还和之后也成为画家的爱丽丝的另一个女儿布兰奇结了婚。

奥赛博物馆收藏的《粉色的裙子》（*The Pink Dress*）是莫奈的好友、另一位法国印象派画家弗雷德里克·巴齐耶（Frederic Bazille）创作的。

213

粉色的裙子

弗雷德里克·巴齐耶
1864 年 布面油画
148cm×110cm
巴黎奥赛博物馆

巴齐耶因参加普法战争而死于战场，实乃印象派的一大损失。

　　我们可以通过这幅巴齐耶的画进一步理解《持伞的女子》。《粉色
的裙子》与《持伞的女人》同样都是在描绘一位身着裙装的妇人的侧影，

但光线的作用却不同。后者衬托的是主角，而前者强调的是远方的山村；前者能让人感受到主角的青春气息，后者让观者更多感觉到的是主角的期待和向往这样的抽象理念。

印象派最成功之处是将画家的感觉融进了画布，它脱离了以往艺术形式对历史和宗教的依赖，摒弃了传统的创作观念和模式，将重点聚焦在纯粹的视觉感受上，让内容和主题变成了陪衬。印象派艺术家着重于描绘自然界的刹那景象，使一瞬成为永恒。他们通过感觉映射，建立了一个和观者交流的情感桥梁，将作品从原来的被用于反映客观世界提升到抒发和宣泄画家的主观世界。画家试图在客观实体和主观意念之间找到了一个打上画家烙印的映射函数。用数学的话说，就是通过画家把古典空间映射推广到广义空间，让现实物体与情绪感觉建立起联系。印象派这种观察、感受光线色彩变化并将之直接表现的奇妙画风，对之后现代艺术的影响非常深远。他们还特别喜欢针对一个主题，用不同的色彩表现不同的情绪。绘画从实描走向抽象，中外的艺术家以不同的方式在这点上找到共识。例如郑板桥抽象的是竹的神韵，梵高抽象的是向日葵的情调，莫奈抽象的是睡莲的光感。

莫奈最有名的系列作品是睡莲，他将同一池塘里的睡莲在不同时间、不同季节、不同光照下的不同姿态按以画家不同的感觉分别画出，展现了睡莲层次丰满的外形和内涵。他实际上已通过一系列的映射将睡莲按时间轴的变化借二维画布再加上一维离散的时间轴表现出来，而每一幅画都是这个轴上某一

在法国橘园博物馆椭圆大厅环展的巨幅《睡莲》

圣拉扎火车站

克劳德·莫奈　1877 年
布面油画　75cm×105cm
巴黎奥赛博物馆

时刻的一个截面。由于莫奈对光和色特别敏感，因此他能发掘出一些人
们往往忽略的瞬息即逝的感觉和情绪。不仅如此，莫奈找到的是睡莲的
状态和人的情绪之间的映射，这也让他的睡莲和观者能产生强烈共鸣。
这种映射使得他笔下的色彩并不完全"忠实"地反映客观，而是更加迎
合人的情绪。睡莲画好像是莫奈对印象派绘画的注解：真正的生活就像
睡莲，而想象和感受就像池塘里的水，随着季节、天空的变化反射出绮
丽幽幻的色彩。所以，他的画惊艳而耐品，往往是各博物馆的"宠儿"，
多年来让他的粉丝一直"汹涌澎湃"。

Claude Monet 77

工业革命带来的科技进步也反映在画家的画布上，莫奈的《圣拉扎火车站》（Saint Lazare Train Station）是其作品中时代感最强的。机械化给人们的生活带来方便，但也制造污染、嘈杂，并开始破坏自然美，这让观念传统的人们悲观哀叹。然而，艺术家则不完全同意，在他们的眼里，美存在于任何地方。摒除杂质，发现美只需要有洞察力的眼睛和善于挖掘的画笔。工业也是美的，只是美的形式不同了。这幅画直接让绘画历史上从来没有过的工业革命的特征——火车入了画。画面的处理方式完全是"印象式"的：升腾的烟雾，模糊的远景，忙碌的身影，似透不透的穹顶，以及加速奔腾的火车，把火车站的气氛刻画得生动喧闹，也暗喻着机械时代的生机勃勃和未来的不明确。

作为对比，我们再看莫奈的另一幅同题材作品《诺曼底火车抵达圣拉扎站》（Arrival of the Normandy Train, Gare Saint-Lazare）。同样的地方，同样的氛围，只是这次火车的角度偏了点，火车也由出发变成了抵达。拥挤着上下车的乘客仍是一片混沌。这时模糊的远方

诺曼底火车抵达圣拉扎站

克劳德·莫奈　1877 年
布面油画　60.3cm×80.2cm
芝加哥艺术学院

是渐渐忘却的过去，而当下的机械生活中只有短暂喘息，再也无法回归原来田园生活的宁静。

工业革命对艺术的影响是方方面面的，当然会体现在艺术家描绘的对象中。奥赛收藏的另一位印象派画家古斯塔夫·卡勒博特（Gustave Caillebotte）的《刨地板的工人》（*The Floor Planers*）就是这类作品中的杰作。他的作品重写实的造型和严谨的结构，画面形象整体概括。他还注重光感，喜用单纯的色块描绘对象，以达到主题突出、画面简洁的效果。19世纪80年代，奥斯曼男爵的巴黎城市改造工程启用了5000名木工，人们彻底改变了自给自足的生活而融入大生产社会生活，画家就从工人的工作场景入手来展现了这一主题。在这幅画里，三位光膀子的工人正奋力刨地板，三人错落有致的位置在刨出的整齐线条上，就像一曲弹奏中的劳动之歌。画面看不到汗水，却能让人感到一种辛苦；听不见喘息，却能让人体会一种努力。所以，也有人认为，这幅画是现实主义作品。

当然，大工业并不是一下子就完全改变了人们的生活，恬静的乡村仍是画家笔下的宠儿。让－弗朗索瓦·米勒（Jean-Francois Millet）的《拾穗者》（*The Gleaner*）是这些作品中的佼佼者。对比《刨地板的工人》，同样是俯身的三个劳动者，这回主角从男工变成了农妇，布局也有变化。整个画面比《刨地板》中的环境温暖得多，也没有《刨地板》传递出的节奏感和紧张感，而是处于一种柔和散闲的状态。但农妇们不放过零星麦穗的认真劲，又可以让观者感受到其生活的艰辛。

218

刨地板的工人

古斯塔夫·卡勒博特
1875年
布面油画
102cm×147cm
巴黎奥赛博物馆

拾穗者

让－弗朗索瓦·米勒
1857年
布面油画
83.5cm×110cm
巴黎奥赛博物馆

不承认自己是印象派的"印象派之父"——马奈

可与莫奈争印象派鼻祖的画家也就只有马奈了。奥赛博物馆中收藏的马奈名作正是他最重要的几幅作品。

爱德华·马奈出生于巴黎富裕家庭。他引领绘画变革，将绘画从单纯追求立体空间的束缚中解放出来，影响了一代画风，将绘画带上了现代主义的道路。他被公认为是印象派的奠基者之一。马奈曾在学院派气息浓烈的托马斯·库图尔（Thomas Couture）工作室内大言不惭地对他的老师说："画我自己看到的，而不是画取悦别人的。画真实的，而不是凭空想象的东西。"这可能就是印象派思想的雏形。

马奈的成名作引起当时画坛的巨大震荡，它就是他的早期作品《草地上的午餐》（*The Luncheon on the Grass*）。1863 年的法国，各种艺术新兴流派层出不穷，各露尖尖角。然而，由法兰西艺术学院保守势力主持的官方艺术沙龙却冥顽不化、抱残守缺，拒绝了绝大部分有意向参选的作品，引起了被拒艺术家们的强烈不满。当时的法国皇帝拿破仑三世和稀泥式地同意举办一个落选者沙龙，这个沙龙就扮演了在当时占主流的官方艺术的对抗者的角色。印象派就是在这次沙龙中"崭露头角"的。马奈把几幅被官方沙龙拒展的画放在落选者沙龙中展出，这幅画就在其中。从内容到技法，它都是对传统的挑战，一经展出立刻引起了罕见的轰动。内容上，他直接表现尘世环境，把全裸的女子和衣冠楚楚的绅士画在一起，画中人举止大方、目光坦然。画法上，他摆脱了传统绘画的精细笔触，采用对比强烈、黑白分明的色块，在较幽暗的森林部分通过光线拉伸景色。此画在构图上，会让人联想到达·芬奇的《岩间圣母》，人物构成一个稳定的古典式三角形，三角形的顶点被推进到了一个有限的深度，由一个半裸弯腰的女子来担当。然而，画中人物之间的关系和《岩间圣母》中的却完全不同，《岩间圣母》中通过三角形来表现的那种有主次的温暖保护在这里荡然无存，只剩下三角形的另一类性质：简单、平等与和谐。有意思的是那个顶点，看起来很虚幻，就像是数学中的虚数，马奈好像是通过三个顶点来表现虚拟的理想世界和现实的两性世界。有人斥责这幅画道德沦丧，同时也有更多革新者和探索者力挺。时间证明了它的生命力，使之跻身于世界名画之列。后来，有人把同样形态的人物搬换到不同的场景中，到海边，到庭院，以寻求不同的效果。

221

"动"起来的画面

印象派不仅通过色彩和光线来"撩拨"人的感觉，还不满足二维平面上的静止记录。从17世纪开始，随着科学技术的发展，在各行各业，人们的传统观念都受到了极大挑战，新思想不断涌现，而这些新思想又都是互相影响着的。在这历史变革的转折关头，正为绘画艺术寻找出路的艺术家们也不满足于画布上的东西只会发呆。对他们来说，艺术永远有着勃勃的生机。他们面前的方寸画布不再只是忠实地反映客观世界的镜面，而是成为宣泄他们对世界理解的舞台。他们开始在静态的画面上尝试描绘动态，静悄悄地开展了一场动态革命。尽管人们尝试刻画动态由来已久，在古埃及的浮雕上就可以看出端倪。例如，在阿布辛贝神庙彰显法老拉美西斯二世的战斗形象时，英雄的战马被刻成了八条腿，以表现战马奔腾的状态。但是，绝大多数描绘动态场合的古典画，无论多壮观，都是激烈场面被凝固的一瞬

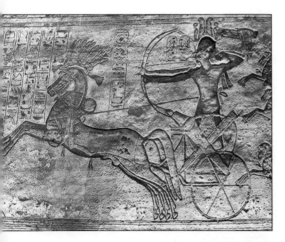

古埃及神庙浮雕

草地上的午餐

爱德华·马奈　1863 年
布面油画　207cm×265cm
巴黎奥赛博物馆

间，那些人物的姿态和表情都是清晰、真切、细腻的。这也反映了古希腊哲学家数学家芝诺（Zeno of Elea）"飞矢不动"的思想。

我们来看巴洛克时期的代表画家鲁本斯的代表作《竖起十字架》（*The Elevation of the Cross*）。在这幅画中，鲁本斯以静态表现冲突与运动，构图是一个从左上角划向右下角的对角线，强光来自画面的右下方，照亮被行刑的耶稣。钉上耶稣的十字架刑具正从画面的右下朝左上方向竖起一半，这是一个极不稳定的状态，膀粗腰圆壮汉的紧张吃力动作显得十字架十分沉重。十字架上的耶稣却在举目望天，神态平淡，坦然接受苦难。高超的运笔技巧和华丽色彩以及人物动作强烈的风格令人印象深刻，画面极富不稳定感。肌肉骨骼所传达的呼声，眼睛流露的情感，让观者感到惊心动魄，充分表达了巴洛克绘画作品追求人体健美、表情传神、动作精准的特点。这种十字架状态在现实中是决不能持续的，所以画家是在通过不能静止的动作来暗示动态，然而那个瞬间的姿态、表情却都非常清晰具体，连头发都不含糊。

到了 19 世纪，艺术家们不满足只刻画某个时间截面的一瞬间，而是要刻画无穷小时间段，期望通过此举让静止的画面动起来，从而对动态进行全方位的探索。主要实践画派就是印象派，他们的主要的成就是：利用模糊描述动态，利用不平衡刻画不稳定的静态，利用色彩变化留下活动的想象和利用变形展现变化过程。德加的作品就能充分体现这些成就与特点。

竖起十字架

彼得·保罗·鲁本斯
1609—1610 年
木板油画
460cm×340cm（中间）
安特卫普圣母大教堂

爱画舞女的德加与舞之韵

埃德加·德加，法国著名画家和雕塑家，也是当时新潮艺术的先驱。他出身巴黎金融富商家庭，祖父是个画家，因此他生长在一个充满艺术氛围的环境中。他曾在巴黎艺术学院学习绘画，受浪漫主义很大影响，他最著名的绘画题材是芭蕾舞和赛马。尽管人们把他归入印象派，他自己却不太认账，宁愿称自己是现实派。事实上，他的作品不仅有印象派的烙印，还具备古典、现实主义和浪漫主义画派的创新风格。

在照相机普及的今天，我们很自然就能理解这样的事实：当相机曝光不够短时，留下的运动影像就会模糊。但在照相技术被应用于拍摄运动物体之前，人们很难明白这个道理，而德加却是有慧眼的人。他对"动"体察入微，研究到位。他特别喜欢画舞蹈，也许舞蹈是最优美的运动。德加就是通过舞蹈敲开了让静止的画动起来的神秘之门，用他的画笔不经意地在纸上诠释了微积分的精髓。我们来欣赏一下他的代表作《舞台上的舞女》（*Dancer on Stage*），另名《明星》（*The Star*）。

《舞台上的舞女》定格了一位在跳芭蕾的少女单腿旋转的一刹那。这幅画带有印象派重感觉、略细节的鲜明特征，可见不管德加承不承认，印象派的理念对当时画风的影响都是深刻的。这幅画也明显具有德加自己的独特风格，这就是他对动态的先驱性探索。虽然画家描绘的也是难以持续较久的动作，但与古典画不同，人物的表情却不再清晰。那模糊的舞台背景，飘逸的舞裙，飞扬的发辫，迷幻的色彩给人以眩晕的感觉。画家巧妙地画出了旋转的印象，让整个画面舞动起来，在静态画纸上呈现出了比古典画更生动的动感。

舞台上的舞女

埃德加·德加　1876 年
纸上色粉　58.4cm×42cm
巴黎奥赛博物馆

德加偏爱舞女，不仅画过各种各样的舞女，还雕塑过舞女。左图是他用青铜、纱、缎和木材制作的铜质雕像《14岁的小舞蹈家》（*Little Dancer Aged Fourteen*）。小姑娘闭着眼，背着手，斜着脚，脸微微上抬，像是在回味旋转的世界。这回舞女安静了，但此时"无动胜有动"。

14岁的小舞蹈家

埃德加·德加
1921—1931年　青铜、木、纱、缎
98cm×35.2cm×24.5cm
巴黎奥赛博物馆

　　说到舞蹈，奥赛博物馆还有一座著名的大型雕塑《舞蹈》（*La Danse*）。这件作品的作者是法国 19 世纪最著名的巴洛克雕塑家让 - 巴蒂斯特·卡尔波（Jean-Baptiste Carpeaux）。卡尔波的作品突破了传统雕塑规范的局限，他用丰富的表情和肢体语言以及奇妙的构图大胆表现生命的真实性和活力。据说，卡尔波的创作方法对罗丹的影响非常大。

　　1860 年，著名建筑师查尔斯·加尼叶（Charles Garnier）承担了巴黎歌剧院（Opera National de Paris）的设计和建造工作。他邀请好友卡尔波为歌剧院的正门创作一座表现舞蹈的雕塑。卡尔波就以歌剧院的艺术家作为模特创作了这座雕塑。1869 年，雕塑群像《舞蹈》揭幕了，但这组裸体雕像立刻在巴黎引起了一场轩然大波。卫道士们纷纷指责这组雕像"有伤风化""败坏道德"，甚至还有人把一瓶墨水摔在洁白的大理石人像上。随后，法国的政局陷入了混乱，普法战争和巴黎公社起义转移了人们的注意力，风波逐渐平静下来。卡波尔的这组伟大的群雕在加尼叶的大力支持下终于被留在了巴黎歌剧院的正门口。巴黎歌剧院也成为法国第二帝国时期最成功的建筑物，它甚至可与凡尔赛宫相媲美，外建筑气势恢宏，内装饰富丽堂皇，再配以价

巴黎歌剧院外景

230

舞蹈

让－巴蒂斯特·卡尔波
1868 年　大理石
320cm×148cm×111.5cm
巴黎奥赛博物馆

值连城的巴洛克式雕塑、绘画等艺术品，有人形象地将它比喻为一个装满了金银珠宝的首饰盒。

这座为歌剧院点睛的作品洋溢着一种热烈的音乐气氛。中间的男性舞者双臂高举，右手摇着手鼓，形成向外放射的动向线，传递着奔放、欢快的情绪。一群裸体的少女围绕在他的周围，跳着轻快的舞蹈，加强了轻松娱乐的氛围。少女们抬起的手臂组成的圆弧形把向外放射的形势收拢起来，整体上有张有弛、收放自如，使得雕像在凝固的空间里绽放出生机勃勃。正因为这种生命律动和青春狂欢的组合，巴黎人自豪地将其称为"天使的舞蹈"。现在放在歌剧院门口任凭风吹雨打的雕像其实是复制品。原作先被移到了卢浮宫，后再次搬家，现藏于奥赛博物馆。

再对比一下威廉·布莱克在近100年前为莎士比亚的《仲夏夜之梦》（*A Midsummer Night's Dream*）画的《仙女舞蹈》（*Oberon, Titania and Puck with Fairies Dancing*）：画面左侧三位仙人是奥布朗、泰坦尼亚和帕克，右边一群仙女拉手绕环欢舞。整个画面有动有静，波浪跌宕，生动有趣，让我们感到了生命的蓬勃。观者能注意到的是，布莱克的画中在外的主角到了雕像里就跑到了圈舞中心。

仙女舞蹈

威廉·布莱克　1786年
纸上水粉、水彩
47.5cm×67.5cm
伦敦泰特现代美术馆

再后来，野兽派代表画家亨利·马蒂斯（Henri Matisse）创作的《舞蹈》（*Dance*）则更加抽象。实际上，马蒂斯采用数学的简洁方式借绘画这个强大的艺术形式表现了舞蹈这个常见的艺术主题。在这幅画中，背景加人物只是简单的三色。五个赤身裸体却色彩热烈的女人，用最原始且激烈的肢体语言构成一个舞圈，表达出一种快乐欢腾的气氛。特别是下面的那个舞者，她的两只手分别和另外两人的手和脚"相连"，形成画面的两个支点，让这个奔放的舞蹈狂而不乱，野而且稳。这幅画用简单的色彩和清晰轮廓直接将舞蹈要表达的意念传达给观者，不拖泥带水，不扭捏做作。马蒂斯本人也非常喜欢这个舞蹈的抽象，以至于让它成了他的符号，多次在他的其他画中出现，用以表达均衡、热情、欢乐、和谐等抽象意念。这时，舞蹈已没有了主角。

舞蹈

亨利·马蒂斯　1909—1910 年
布面油画　260cm×391cm　圣彼得堡埃尔米塔什博物馆

用温暖的画笔画画——雷诺阿

　　也许，要理解印象派，就一定要理解雷诺阿，尽管他后来走上了自己的路，与传统的印象派有了距离。印象派追求的是丰富多彩的印象，而不是刻板的规律。从这点上看，好像他们是在反科学，其实他们是在试图将唯心和唯物的东西杂糅起来，探索一种融入情感的更深层次的科学。雷诺阿的作品极好地诠释了这点，他的作品常洋溢着一种暖暖的温和。他想要带给观者他对这个世界的正向期望以及对甜美生活的向往。他笔下的人物可爱、纯洁，连一丝忧郁都捕捉不到；他笔下的生活热烈、欢乐，好像从来就没有什么艰难。但事实上，雷诺阿的生活并非一帆风顺，他却印证了乔治·拜伦（George Byron）的名言：

　　悲观的人虽生犹死，乐观的人永生不老。

　　皮埃尔－奥古斯特·雷诺阿，法国印象画派成员之一，以油画著称，也有雕塑和版画作品。他出生于一个穷裁缝家，十来岁就去瓷厂当童工挣钱糊口，瓷厂倒闭不得已去学画，也曾被误以为是间谍而遭逮捕。没想到，倒闭和坐牢却成就了一代大师。他把传统画法与印象派的方法相结合，用鲜丽透明的色彩表现阳光的颤抖与空气的明朗，独具甜美温暖的风格。

　　在此主要欣赏他的群体活动画《加莱特磨坊的舞会》（*Dance at Le Moulin de la Galette*）。画中人物众多，分布错落有致，画面生动，生活气息扑面而来。同样是人物众多，相比于米开朗基罗的《最后的审判》的庄严，雷阿诺的画似乎更世俗、更生活。雷阿诺却用记录生活美好的一刻来定格一种超凡的追求，并且这种美好没有一丝一毫的说教意味。

加莱特磨坊的舞会

皮埃尔 - 奥古斯特 · 雷诺阿
1876 年　布面油画
131.5cm×176.5cm
巴黎奥赛博物馆

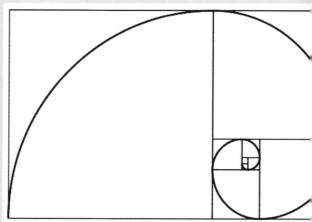

　　在《加莱特磨坊的舞会》中，雷诺阿描绘了周日下午的露天舞会，虽然有斑斓的日光，但光线却像是在树下，较为冷暗。在这种冷暗的环境中，不重细节的印象派画法容易让人产生醉生梦死的感觉。大师就是大师，最擅长渲染气氛，着意气氛正是印象派的探索点。画中人物满满的，然而这种满却很有层次感。一如使用了数学中的泰勒展开，将整个舞会一层层地分解开来。作为展开主项的第一个层次就是画面居中偏右下正在聊天的两女一男，他们基本上占据了画面最重要的黄金分割的位置，在欢乐的舞会中，他们相对较"静"；第二层次是这三个人右边的人物，他们或坐着吃东西，或起身去某处，人小了些却开始小"动"了；第三个层次是画面左上那片正在快乐跳舞的人们，人更小，表情已不清晰，但他们动感最强，整个画面也因为这些人的欢动而被搅动起来。这几组人物形成一个螺线，并且让这种欢快沿着螺线扩展到了画外，也更加突出了旋转中心的三个人物的外静内动、心情荡漾，从而让整个舞会的愉快气氛跃然纸上。雷诺阿就这样将巴黎的生活场景以名画的方式载入历史。

现代艺术之父——塞尚

　　印象派还有一位重要人物，他就是被喻为"现代艺术之父"或"现代绘画之父"的塞尚。保罗·塞尚，法国著名画家，后印象派的主将，现代艺术的探索者。他对空间感的追求和表现，为立体派开启了先河。他大大改变了静物画的画法，将不稳定引入了静物画，从而开创了新画风，对之后的现代艺术影响巨大。

　　在奥赛展出的塞尚作品有他的代表作《圣维克多山》（*Mont Saint-Victoire*）。圣维克多山是塞尚家乡埃克斯的风景。塞尚面对大山，用画笔与之对话，"相看两不厌"，孜孜不倦地画了近 20 年，留下了七八十幅同一主题的风景画。这幅《圣维克多山》摆脱了透视的束缚，

圣维克多山

保罗·塞尚　1890 年
布面油画　65cm×95.2cm
巴黎奥赛博物馆

圣维克多山

保罗·塞尚　1904—1906 年
布面油画　83.8cm×65.1cm
普林斯顿大学美术馆

用温和偏冷的颜色和几何结构刻画出了四个层次：近树、中原、远山和
遥天。有气势，有飘逸，有悠扬，有含蓄，令人着迷，让我们感到树之
逍遥，原之坦荡，山之峥嵘，天之辽阔。凝望着这幅画，我在想，这是
塞尚极力想表达的客观的山。相比莫奈的睡莲，塞尚的山更深沉。睡莲
是鲜活的，而且随着季节展示的风采变化是较容易被发现的；而一座大
山，它的生命力是缓慢而内敛的，没有超人的观察力还真不容易画出来。
我还在那天真地想，可惜了散落于各博物馆的七八十幅《圣维克多山》，
如果能集齐，同时欣赏一下该多好！也许这样，我们就能得到这座山的
全息图，就能碰触到哪怕是一点点，也是塞尚理解的山的生命。作为对比，
我在这里放一幅塞尚晚年创作的藏于普林斯顿大学的《圣维克多山》。
可以看出，那树、那原、那山、那天，更加坎坷、更加沧桑。

有研究将塞尚的母题和与他同世纪的伟大数学家亚历山大·格罗
登迪克（Alexander Grothendieck）的"母题"（Motive）联系

起来，"母题"实际上是后者借用了塞尚表现印象派绘画的术语。两者都是通过"母题"的不同实现来把握母题的。

塞尚画了许多静物画。所谓静物画，即以相对静止的物体为描绘题材的绘画。这种物体（如花卉、蔬果、器皿、书册、食品和餐具等）是根据创作者创作构思的需要，经过认真选择、精心摆布，通过形象和色调的关系创造的艺术品。静物画不需要模特，所以创作的条件相对简单，但其表现力仍然强大。

很久以来，静物画一直以静为美，画家们画静物画只是通过在布局、环境上下功夫来突出表现主题，而主题则很静。到了塞尚，这种安静被打破了。身处艺术大变革时代的塞尚，看穿了"静"背后的"动"，深悟动和静的辩证关系，他凭借自己不断探索的开拓精神，拿最不可思动的静物画开刀，对静物画发动了一场革命，力求在静物画中画出"动"来。塞尚和德加明显不同，德加是将"动"的物体画出"动"来，而塞尚则是将"静"的物体画出"动"来，显然塞尚更胜一筹。从数学的观点看来，静状态并不是永恒的，它只是被看成在各种条件下的平衡态，而平衡态被分为稳态平衡和不稳态平衡。这种稳态和不稳态也是相对的，在一定条件下可以互相转换。塞尚就在他的作品中表现了这种不稳定的平衡态，对印象派画风的延伸做出了巨大贡献。在塞尚的时代，微分方程和动力系统领域的研究有了长足的进步，人们对稳定和不稳定的平衡态有了更深刻的认识。同在法国的数学伟人亨利·庞加莱（Henri Poincare）等人为此做出了重大贡献，这种思想形成的氛围，彼此的影响是相互的。塞尚说过："请借由圆柱形、球形与圆锥形来处理自然……"所以，在他眼里，大自然很几何，那么他在静物画上也要表现出数学的元素——均衡。

奥赛博物馆收藏了几幅塞尚的静物画，这幅《洋葱静物》（*Nature*

Morte aux Oignons）也很能反映他的均衡理念。乍看到这幅画时，并没有什么不稳定的感觉，但仔细观看，会发现太多不稳定的因素：倾斜的桌面，易滚动的洋葱，滑落的台布，扭歪的酒瓶。但这些不稳定元素好像又互相牵制着，都为平衡做出了贡献：台布虽乱但增加了摩擦，从而延缓了苹果的滚动，酒瓶又像是压住了台布的滑势；那个若隐若现的透明酒杯像是在壁画里，又像在桌面上，起到了一个虚拟钉子的作用，卡住了台布。这些不同的势力互相牵制的结果，使得画面达到了一种微妙且脆弱的平衡，但只要有一个因素变化，这种平衡就会被打破。在这幅画里，塞尚天才地画出了一个不稳定的平衡态，一幅不静的静物画。

手持紫罗兰的莫里索

爱德华·马奈
1872年 布面油画
55.5cm×40.5cm
巴黎奥赛博物馆

印象派女杰——莫里索

印象派中有个出名的女画家，叫贝尔特·莫里索（Berthe Morisot）。她不仅作品前卫，还和印象派许多重量级成员的渊源颇深。

莫里索生于一个颇有声望的法国官吏家庭，外祖父是著名画家让－奥诺雷·弗拉戈纳尔（Jean-Honore Fragonard），父亲是高级军官。她与姐姐从小便喜欢绘画，广泛接受画家的指导，其中让－巴蒂斯特·卡米耶·柯罗（Jean-Baptiste Camille Corot）对她影响很大。1860年，莫里索结识马奈，绘画让他们互相欣赏，既师亦友，彼此成就，成为灵魂挚交。马奈的画风影响了莫里索，莫里索也经常给马奈当模特。马奈介绍她结识巴齐耶、莫奈和雷诺阿等印象派画家，莫里索的才气令她在印象派的圈子乃至整个画界大放光彩。1874年，她与爱德华·马奈的弟弟尤金·马奈（Eugene Manet）结婚。

洋葱静物

保罗·塞尚
1896—1898年
布面油画
66cm×82cm
巴黎奥赛博物馆

莫里索的作品大量由其家人收藏，整个 20 世纪都很少出现在人们的视线之中，直到进入 21 世纪才开始频繁出现在公众面前。莫里索的作品现已被各大博物馆争相收藏，奥赛当然也少不了她的作品，其中最有名的就是《摇篮》（ *The Cradle* ）。

《摇篮》是莫里索第一次参加印象派展览的作品之一。她描绘一位年轻的母亲注视着自己入睡的孩子的情景，母亲和在纱帐内熟睡的婴儿构成了爱怜深情与和谐优雅的画面，充分体现了一位温柔女性的内心情感。画面十分"纯洁"，半透明的白色纱帐撑起了大半画面，形成了一个极其优美的三角形，简谐安宁的氛围流淌于画布之上。尽管母亲好像在婴儿的白色世界之外，但母亲的视线透过纱帐和婴儿的身体以及饱含母爱的手形成了另一个三角形，两个世界就这样因爱的名义互相交融。难怪雷诺阿称誉莫里索为"纯洁的天才"。

242

摇篮

贝尔特·莫里索
1872 年　布面油画
56cm×46.5cm
巴黎奥赛博物馆

博 物 馆 艺 术 拾 珍

MUSÉE D'ORSAY

243

奥赛随记

　　我去过巴黎近 10 次，那里的博物馆至今也没走完。不过，我对奥赛博物馆情有独钟，访问过两次。第一次是我首次去巴黎，那时还很年轻，在国内也没有受过美术教育，我的美术知识还在幼儿园水平。从慕名而去的卢浮宫出来，我正被那些艺术品撞得昏天黑地时，漫步到河对岸，看见有一座博物馆叫奥赛，在完全没有概念的情况下一头闯了进去，结果在里面整整待了半天，感觉和那里的艺术品更有对话的空间。记得我当时对着那幅《持伞的女人》看了很久，其实那时的我对莫奈一无所知，但我好像在这幅画中听到了画家想说什么。好像我在卢浮宫的艺术盛宴带来的不知所措中快速积累了艺术启蒙潜力，之后就在奥赛得到了醒悟。从奥赛出来，我就成了印象派的粉丝。第二次去已是 20 年后，这次有备而去了。我之前阅读了大量的相关文章，到时又在博物馆待了大半天，在真品面前体验画家的笔触，当然收获更多，这让我的艺术理解水平更上了一个层次。

Collection 6　泰特美术馆

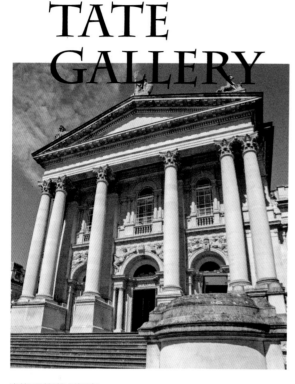

TATE
GALLERY

泰特不列颠美术馆正门

　　泰特美术馆（Tate Gallery）是英国著名的美术馆，准确地说是个美术馆群。

　　泰特美术馆最早叫不列颠国家美术馆（National Gallery of British Art），由糖业巨头亨利·泰特爵士（Sir Henry Tate）创立于1897年，他后来捐赠了大量收藏，美术馆更名为泰特美术馆。泰特美术馆在当时担负着专门收藏"当时"英国艺术家的现代艺术品，后来其收藏范围逐渐更为广泛。2000年，泰特现代美术馆（Tate Modern）从中完全独立出来，在伦敦市内另选址建馆，专门收藏现代艺术品。位于伦敦市中心的老馆则沿用大不列颠国家美术馆的名字，人们一般称它为泰特不列颠（Tate Britain）。泰特以收藏 15 世纪迄今的英国绘画和各国现代艺术品著称。现在，泰特美术馆已发展成为 4 个美术馆：泰特不列颠美术馆（老馆）、泰特现代美术馆、泰特利物浦美术馆（Tate Liverpool）和泰特圣艾弗斯美术馆（Tate St Ives）。

泰特给人的印象就是收藏当代艺术品，这也是当初美术馆成立的初衷。可是"当代"是个相对的概念，昨天的"当代"，就是今天的"古典"，而今天的"当代"就是明天的"古典"。所以，"当代"是很难收藏的，而收藏却是博物馆的功能之一。这个矛盾在泰特的发展史上显露无遗。英国人很聪明地通过"分开"的办法解决了它。我们几乎可以预期，一段时间后，泰特现代美术馆的艺术品就会转移到泰特老馆来，而且这种转移还会持续下去。

建馆的基石——英国现代风景画先驱

我们先来认识一位泰特建造初期的"当代"风景画大师——透纳。

威廉·透纳（William Turner）是英国最著名的世界级艺术家之一，是 19 世纪上半叶英国学院派画家的代表。透纳以善于描绘光与空气的微妙关系并赋以丰富想象力而闻名于世，在描绘水汽弥漫方面有独到的神笔。他对风景画杰出的贡献使风景画有了和历史画、肖像画同样重要的地位，因此也无可置疑地让他跻身于西方艺术史上最杰出的风景画家之列。更重要的是，我们今天惊奇地发现，透纳在孤独的探索中早就娴熟地应用了许多抽象理念，特别是在处理光线和色调上。他强调的是感受而不是具象，为日后印象派风格的形成奠定了基础。透纳一生创作了几千幅素描、雕版画、水彩画及油画，大部分都收藏在泰特老馆。尽管透纳在 26 岁时就被英国皇家艺术学院破格接纳为最年轻的会员，但是他并没有故步自封，一直坚持探索新的方向。因而，早年的得势和晚年的失宠就成了他的宿命。人们能理解他的画，特别是其晚年作品，已是他逝后百年的事了，今天人们越来越喜爱他的画了。威廉·透纳与约翰·康斯太勃尔（John Constable）被称为"真正使英国风景画摆脱荷兰、法国或意大利绘画的影响并走上独立道路的两个人"。

透纳留下了遗产和遗作，他希望将其用于建立一个带美术馆的救助院，以帮助那些潦倒的艺术家，这个美术馆可以集中展出他的遗作。然而，遗愿的执行出现了困难，经过法庭上的争夺，他的堂兄得到了他部分遗产，另一些归了皇家艺术学院，用于奖励学生，因此泰特还有一个用透纳命名的艺术奖项。直到1910年，透纳的遗愿才得以部分实现，他的大部分遗作（包括未完成的作品）在泰特老馆内的克洛里画廊（Clore Gallery）收藏展出。一些他的重要画作仍留在英国国家美术馆，例如名画《雨、蒸汽和速度：西部大铁路》（Rain, Steam and Speed-The Great Western Railway），还有一些流散在其他博物馆，并没有完全"集中"。

《古罗马：阿格里皮娜安置日耳曼尼库斯的骨灰》（Ancient Rome; Agrippina Landing with the Ashes of Germanicus）是透纳绘画生涯中期创作的一幅作品。这是一幅历史风景画，显示出他已渐成熟的风格。日耳曼尼库斯是罗马皇帝提比略（Tiberius）的养子，暴君卡里古拉（Caligula）的父亲。他死在安条克，传说死于毒药或魔法。他的遗孀阿格里皮娜用骨灰瓮存放他的骨灰，并将之运送回家。实际上，骨灰是被安置在布林迪西（Brindisi）。而不是透纳所说的罗马。透纳在此可能是想暗示，这起事件发生在罗马帝国衰落的阶段。此画1839年展出时附有批注："清澈的小河，即时太阳正在下落，金黄色的台伯河波光粼粼。（The clear stream, Aye, —the yellow Tiber glimmers to her beam, even while the sun is setting）"画面正如批注所描述的

246

那样，整个台伯河、沿岸风景及其倒影被夕阳照得金黄一片，远方的背景若隐若现。色彩的强烈令人印象深刻，一点也没有题设中运骨灰的悲情。然而，这种强烈的反差反而让人有种强弩之末或者英雄末路的感觉。河中有条船，大概就是运骨灰的船。画家没有刻画这条船的细节，而是着力于渲染整体气氛。在了解了后来兴起的印象派的特点后，我们可以看出透纳的作品已经有了印象派的雏形，所以说透纳是抽象艺术的先驱也不为过。难怪在透纳去世 100 多年后的 1966 年，美国抽象表现主义画家马克·罗斯科（Mark Rothko）看完透纳在纽约的艺术展后调侃道："透纳从我的作品中学到了不少。"

古罗马：阿格里皮娜安置日耳曼尼库斯的骨灰

威廉·透纳　1839年
布面油画　91.4cm×121.9cm
伦敦泰特不列颠美术馆

到了晚年，透纳的这种抽象倾向更加明显，我们在泰特老馆收藏的《暴风雪：汽船离开港口》（*Snow Storm: Steam-Boat off a Harbour's Mouth*）中可以清楚感受到。这幅画的注解是："暴风雪：汽船离开港口，在浅水里打着信号跟随引导。作者在暴风雪中，'阿里尔'号那夜离开了哈里奇。"（Snow Storm - Steam-Boat off a Harbour's Mouth Making Signals in Shallow Water, and going by the Lead. The Author was in this Storm on the Night the "Ariel" left Harwich）这幅作品画面充斥着躁动、眩晕，风浪中只能模糊地捕捉到一艘汽船的影子。汽烟早就混于水浪中，桅杆后面闪耀的白光应该是这艘船发出的危险警报。然而，在浪涛翻腾中，这样的挣扎是多么微不足道。画面渲染的恐怖紧张的气氛给人带来强烈的冲击。根据注解给出的信息，作者大概就是画家本人，这样写旨在表明，画家是亲眼或亲身经历了这场暴风雪，以增加这幅画的真实感。"阿里尔"原本是莎士比亚笔下的一个精灵，是不是就是这艘正在与风雪搏斗的船？画面的震撼对今天的我们来说也许不难欣赏，但对当时习惯于静态画的早期观者来说却是难以接受的。1842 年，这幅画在皇家艺术学院展出时备受嘲讽。例如，有段今天看来很好笑的评论讽刺道："这位先生已经在前几次，就选用奶油、巧克力、蛋黄或葡萄干果冻来作画……他在这里用了自己在厨房所能用到的一切东西。蒸汽船在哪……港口在哪……哪个是信号……以及哪个作家在'阿里尔'号，都是无法解答的问题。"

《蓝色瑞吉山》（*The Blue Rigi, Sunrise*）也是泰特老馆收藏的透纳的晚年代表作，画的是瑞士的一座静态的山。在太阳未出将出时，瑞吉山在晨曦的朦胧中呈现出冷峻蓝色的轮廓。透纳喜水，画山也不忘把它画在湖边，画面左下角的一些人影为画面增添了一些人气。水面反射的晨光和淡淡的晨雾混合的效果营造出梦幻的感觉，令人着迷。

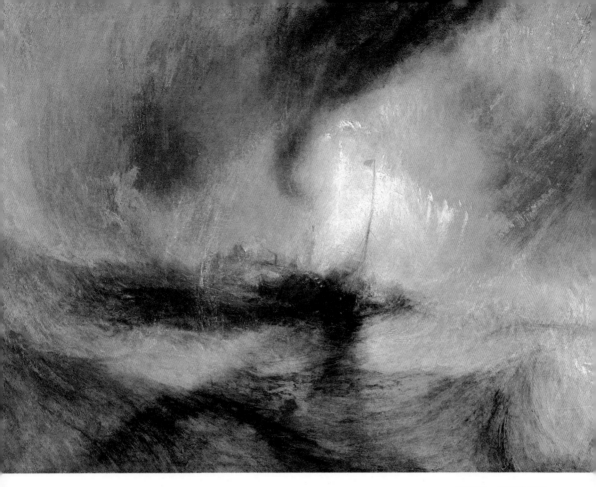

暴风雪：汽船离开港口

威廉·透纳　1842年
布面油画　91.4cm×121.9cm
伦敦泰特不列颠美术馆

　　《红色瑞吉山》（*The Red Rigi*）应该是同一地点在太阳初升时的情景。这时，太阳把瑞吉山照红了一半，湖面上的晨雾驱散了些，湖边的人清晰了不少，山后的群山多了些内容，天空更亮了些，但山间仍然雾气弥漫。两幅画相比，简直就是在湖边探索瑞吉山过程的两个截面。

红色瑞吉山

威廉·透纳 1842年
纸本水彩 30.5cm×45.8cm
墨尔本维多利亚国家美术馆

蓝色瑞吉山

威廉·透纳 1842年
纸本水彩 29.7cm×45cm
伦敦泰特不列颠美术馆

雨、蒸汽和速度：西部大铁路

威廉·透纳 1844年 布面油画
91cm×121.8cm 伦敦英国国家美术馆

承前启后的转换站

泰特现代馆有个特点就是展览经常换，但这并不表示它没有永久性的藏品。我们先来看一幅泰特现代馆收藏的拉斐尔前派画家米莱斯的名作《奥菲利亚》（*Ophelia*）。

约翰·米莱斯（John Millais），英国画家，拉斐尔前派的三个创始人之一，其名作还有《释放令》（*The Order of Release*）、《盲女》（*The Blind Girl*）等风景画和人物画。他于1896年被选为皇家艺术学院院长。拉斐尔前派的理念就是改变当时的艺术潮流，反对那些米开朗基罗和拉斐尔之后的机械、教条倾向，其作品以写实为主，画风细致清新。拉斐尔前派对后世产生巨大的影响。

如果《维纳斯的诞生》是画家们热衷描写的画题——美的诞生，那么《奥菲利亚》就是另一重大画题——美的死亡。《奥菲丽娅》取材于莎士比亚的著名悲剧作品《哈姆雷特》（*Hamlet*）：哈姆雷特本是丹麦王子。他的叔叔克劳狄斯（Claudius）用毒药谋害了国王，篡取了王位，娶了国王的遗孀乔特鲁德（Gertrude）；国王的灵魂向儿子哈姆雷特诉说自己被害的真相。哈姆雷特装疯掩护自己，通过"戏中戏"证实了自己的叔父的确是杀父仇人。哈姆雷特因此为父王向叔叔复仇。哈姆雷特心爱的女友奥菲利亚是御前大臣波洛涅斯（Polonius）的女儿。哈姆雷特为复仇在装疯时辱骂了她，还杀死了她的父亲。少女在一系列打击下病倒，整天唱着古怪的歌到处游荡，不幸落水淹死。米莱斯选择奥菲利亚带着编好的花圈坠落水中的情节。莎士比亚的原文是这样写的："她的衣服四散展开，使她暂时像人鱼一样漂浮在水上。她嘴里还断断续续地唱着古老的歌谣，好像一点没感觉到处境险恶，又好像她本来就是生长在水中一般。"画家在此用

奥菲利亚

约翰·埃·米莱斯
1851~1852年
布面油画 76.2cm×111.8cm
伦敦泰特现代美术馆

宁静的自然去衬托奥菲利亚的美，用清新的景色送这个美最后一程。那些水边的小花散发出芳香的气息，溪水静静地应着奥菲利亚的歌唱。走向死亡的奥菲利亚双手摊开，脸色平静，嘴唇微张，她终于脱离了罪孽深重的尘世，漂向无忧无虑的净境。画面没有悲剧气氛，而是突出了画家的观点：美即便到最后也是美的。画家用精湛写实的绘画技巧和神奇的画境设计，震惊了当时的英国画坛。

这幅画的构图一反人物画常用的垂直分隔而是采用水平分隔。虽说这是主题的需要，但画面看起来脱俗非凡、安宁幽雅。画家还特意在画面左下角画了一丛垂直向上的水草，在右上角画了一簇垂直向下的花枝，两者和树一起形成一个门，暗喻着主角正在穿越生死之门。

抽象艺术的实验室

本来写泰特就是用它"现代"的时间标签，而且现代馆已经更为国际化了，所以泰特现代馆应该多花点笔墨。当然，很多城市都有现代美术馆，例如巴黎有蓬皮杜艺术中心。

泰特现代美术馆位于泰晤士河南岸，连接现代馆与老馆的是横跨泰晤士河的几座知名大桥。外表由褐色砖墙覆盖、内部是钢筋结构的美术馆原是一座工业时代象征的发电厂，高耸入云的大烟囱是它的标志。后来，两名年轻的瑞士建筑家将它改建成泰特现代馆。他们在顶上加盖了一个玻璃屋顶，将原工厂不同车间的不同结构进行了改造，使之适用于美术馆，得到了意想不到的效果。

下面，我们来看几幅泰特现代馆永久收藏的当代艺术的名家名画。

彼埃·蒙德里安（Piet Mondrian），生于荷兰、逝于美国的几何抽象派代表画家，他以几何图形为绘画基本元素，引领非具象几何抽象绘画，深刻影响了后来的工业设计和建筑装潢。他追求绝对理性的美，认为艺术应彻底脱离自然的外在形式，以表现抽象精神为目的，追求绝对境界的"纯粹抽象"。蒙德里安早年画过写实的人物和风景，后逐渐将形态简化成横平竖直加矩形色块的形式，用最单纯的红、黄、蓝和绿等原色来描绘风景。用这些简单矩形的富有韵味的排列，反映现实中抽象而复杂的概念：秩序、联系、分布和均衡之美。蒙德里安把新造型主义视为一种手段，通过抽象符号把丰富多彩的大自然简化成有一定关系的表现对象。

蒙德里安说："唯有纯造型才能完成最后的抽象。在造型艺术中，真实性只能通过形式和色彩，有动势的均势表现出来，纯手段才是提供达到这一点的最有效的方法。"他通过直角，通过把色彩简化为原色，并加上黑和白，形成一种非全等、对立的均衡。他还说："我一步步地排除着曲线，直到我的作品最后由直线和横线完成，形成诸多十字形，各个十字形相互分离和隔开，直线和横线是两种相对立力量的表现，这类对立物的平

泰特现代美术馆外观

泰特现代美术馆内庭

衡到处存在，控制着一切。"他就是这样通过直线与横线的动势平衡以及使用原色，完成了他表现宇宙的理想，达到一种人与自然统一的境界。泰特现代收藏的他的代表作《作品11》（*Composition No. 11*）就是一个实例。我们用提森 – 波内米萨博物馆收藏的《纽约城3（未完成）》[*New York City, 3（unfinished）*] 做对比，进一步讨论，几何是如何在他的画里变成秩序、联系、分布和均衡的。画中5种颜色的直线让我们想到了街道，但街道却是迭错的，使画面有了纵深感。还有3种颜色的色块，可以认为是街区，但街区却被分开。这幅画的名字稍有暗示，他更多类似的画都只用"作品""画面"一类词汇命名，表现的只是秩序、联系、分布和均衡一类抽象概念。

也许不少人会说：这是什么呀，这也能成为名画，还被著名博物馆收藏？小孩子也会画！我相信，蒙德里安最初用这样的几何框架去冲击美术界时，也一定听到过这样的非议。是的，这样的图形一般人都会画，你现

作品11

彼埃·蒙德里安
1920年
布面油画　99.7cm×100.3cm
伦敦泰特现代美术馆

257

纽约城3（未完成）

彼埃·蒙德里安
1941年
布面油彩、铅笔、色粉、色带
117cm×110cm
马德里提森-波内米萨博物馆

在拿尺子和色板画出类似的画，那不能算创作，只能是模仿。他的风格引起人们心里和情感深处某种韵律共鸣，最终被美术界接受还在工业设计等领域大放光彩，这种风格也就此打上了蒙德里安的烙印。

同样是以抽象为创作理念核心，与蒙德里安同时代的克利却走了另一条现代艺术之路。他的色块和线条是有型的，这也使他的画看起来更为灵动。

保罗·克利（Paul Klee）出生于瑞士的艺术家庭，受到象征主义、表现主义、印象派、立体主义、野兽派和未来派的影响，却又和各种主义若即若离。他在艺术的道路上边走边看、"采花摘叶"，装点自己的艺术花园。他有着以分解几何和色块分割为特征的特立独行画风，是最富诗意的造型大师之一。克利这样表达自己的创作理念："艺术并不描绘可见的东西，而是把不可见的东西创造出来。以前人们描绘事物，描绘那些在地球上可以看到的事物，它们是人们乐意看的或曾经乐意看到的。与整个世界相比，这种事物只是些孤立的例子，而真实却隐藏在大多数事物之中，应该努力从偶然现象中求得本质。"克利探寻的是表象背后的本质，也许是有关生命和宇宙的哲学。"没有专制，只有自由的呼吸。"这是克利在论及康定斯基的抽象艺术时说过的一句话，也许可以用来理解克利的艺术。泰特现代馆收藏了两幅克利的代表作——《一个年轻女子的冒险》（*A Young Lady's Adventure*）和《五朔节的夜晚》（*Walpurgis Night*）。

《一个年轻女子的冒险》或许能体现克利的理念，画面恰似用不同深浅的色块形成一张数学化的迷宫。迷宫的隔墙形成异化的人形、鸟兽形、草木形或别的什么形，这些东西交织互嵌在一起，色彩浓淡、深浅不定，共同构成一个大宇宙。中间的那个近似人形，通过题目可知大概是一个年轻女子，她在这些异形中真是在冒险了。克利借此来表达他的世界观，同时我们也可以欣赏到其作品在画面上的结构美。

与《一个年轻女子的冒险》一样，《五朔节的夜晚》也用抽象的笔调来构思一个主题。不过，这次克利不是用色块，而是用线条，颜色也变成了幽暗的深蓝色，这些线条缠绕成"魑魅魍魉"。

五朔节是历史悠久的欧洲传统民间节日，每年举行，以祭祀树神、谷神，预祝丰收及欢庆漫长的寒冬之后春返大地，万物开始生长。五朔节前夕，人们通常会在家门前插上青树枝或栽一棵幼树，并将树用花束装饰。少女们手持树枝花环，挨家挨户唱五朔节赞歌，祝福主人。重要的活动还有跳花柱舞、传火仪式、选举五月王后等。当选王后的人头戴

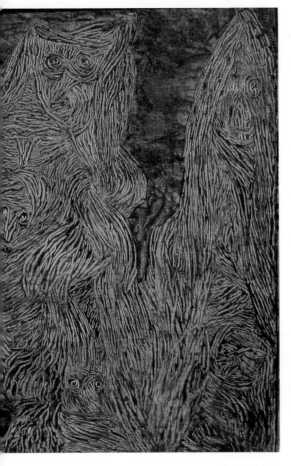

五朔节的夜晚

保罗·克利　1935 年
胶合板纺织物上水粉　50.8cm×47cm
伦敦泰特现代美术馆

一个年轻女子的冒险

保罗·克利　1922 年
纸本水彩　62.5cm×48cm
伦敦泰特现代美术馆

花环，由游行队伍簇拥游街。传说到了五朔节夜晚，魔女和恶魔会在一起欢笑。

　　为了更好地理解这幅画，引用法国诗人保罗·魏尔伦（Paul Verlaine）的一首诗《传统的五朔节的夜晚》（*Classical Walpurgis Night*）。

这是第二个浮士德的夜会，不是另一个的，

一个有节奏的夜会，有节奏，最有节奏。

——请想象在一座诺特尔式的花园里，

规则、可爱又荒谬。

圆形广场；中心是喷泉；笔直的小径；

大理石雕的森林之神；青铜塑成的海神；

维纳斯们到处卖弄风情；

梅花形树丛和林间的空地；

一些栗树、开花的灌木丛构成一道堤岸；

这儿，低矮的蔷薇树经过匠心安排；

稍远处，稍远处，修剪成三角形的紫杉。

夏天的夜晚一轮明月辉映着世界。

夜半钟声响了。

在这宫廷花园深处，

唤醒一种忧郁的调子，一种低沉、徐缓、甜美的狩猎调：

像那甜美、徐缓、低沉歌剧《汤豪舍》的狩猎的调子。

号角的模糊鸣响从远处传来，

感觉的柔情抓住了灵魂的恐怖，在他们的狂欢里面，

出现了悦耳的不和谐的乐音；

而现在正听着号角的召唤突然手拉起手，纯白的形体，

透明的形体，在繁枝密叶的暗绿荫影中间，

变成了乳白，在月光里，

——拉菲梦见的一幅华托❶！——

手拉起手，在树木的暗绿的阴影中，

带着深深的失望的倦怠的样子；

于是，围着青铜像、石雕和树丛跳起了圆舞，缓慢地。

——这些骚动的幽灵，那么他们是醉了的诗人的思想，

或是他的懊恼、他的愧悔，

这些骚动的幽灵，在一个有节奏的群集里，

或许只不过是一些死鬼！

❶ 拉菲和华托都是法国画家。

那么他们是你的愧悔吗？做梦的人，

受到恐惧或是你的懊恼或思想的邀请，

——嗯？

——所有这些在不可抗拒的晕眩里骚动的幽灵，

或许是一些可能发了疯的死人？

管它呢！他们总是要继续，这些狂热的幻影，

带领着他们巨大而阴沉的环舞，

跳动着，像一线在阳光中的微尘，

在转瞬间化为烟雾，

在这潮湿苍白的时刻，

黎明使号角一声接一声地沉寂下来，

这样，这儿便绝对没有什么，

绝对没有，除了一座勒诺特尔式的园林，

规则、可爱又荒谬。

（罗洛　译）

　　作为对比，再欣赏一下克利的《五月图画》（*May Picture*），这幅也是在画庆典，画的应该是白天的庆典。在大都会艺术博物馆观赏这幅作品时，我心里暗暗吃了一惊。我看到的分明就是一幅引起时空弯曲的引力波的部分图解。在物理学中，引力波是指时空弯曲中的涟漪，曲率的扰动通过波的形式从辐射源向外传播。这种波以引力辐射的形式传输能量，是由于空间质量和速度的变化导致空间产生的波动。1916年，爱因斯坦基于广义相对论预言了引力波的存在。激光干涉引力波天文台（LIGO, Laser Interferometer Gravitational-Wave Observatory）在2016年2月11日宣布：探测到引力波的存在。爱因斯坦广义相对论实验验证中最后一块缺失的"拼图"被填补了。美国科研人员于2015年9月首次探测到约13亿年前两个巨大质量碰撞结合所传送出的扰动。这个

五月图画

保罗·克利
1925年
纸板油画　42.2cm×49.5cm
纽约大都会艺术博物馆藏

实验证实了爱因斯坦100年前所做的预测。克利或许并不知道与他同时代的爱因斯坦所做的预言，他在《五月图画》中也许只想表现一种用马赛克处理过的春天的骚动。大自然中的很多现象都有惊人的类似，克利无意间用其"创作看不见东西"的理念，将爱因斯坦的深刻思想部分图解了出来。这种直觉实在太神奇了，真可谓"英雄所见略同"！

　　对比绘画作品，现代雕塑作品对抽象的诠释更加直观。泰特现代收藏了超存在主义绘画、雕塑大师阿尔贝托·贾科梅蒂（Alberto

指示者

阿尔贝托·贾科梅蒂
1947年　青铜
178cm×95cm×52cm
伦敦泰特现代美术馆

Giacometti）的雕塑作品。贾科梅蒂的代表作品有《超现实表》（*Surrealistic Clock*）、《笼》（*Cage*）、《鼻子》（*Nose*）等。2010年2月3日，英国伦敦苏富比拍卖行拍卖贾科梅蒂的雕塑作品《行走的人》（*Walking Man*），最终以6500万英镑成交，刷新了当时艺术品拍卖成交价格的世界纪录。

现代雕塑也不可避免地走向了抽象，贾科梅蒂的人物雕塑颠覆了传统雕塑的理念。他把人物雕得又瘦又糙，其形态却又栩栩如生。实际上，他的雕塑抓住了形态的特征，忽略了其他次要因素，就好像数学中的特征值。

博 物 馆 艺 术 拾 珍

TATE GALLERY

泰特随记

　　我在英国待了十几年，英国的大小博物馆虽不敢说全部踏足，却也没有错过重要的那些，泰特当然包括在内。对于现代艺术馆，我一直有一个心结。我原来觉得，现代艺术变化太快，来不及赶时髦，所以我参观现代艺术馆就少些。最近，我意识到这个想法有失偏颇。尽管现代艺术很多是不成熟的，一部分确实会随着时间而消失，但现代艺术最接近我们的生活和思维方式，最容易给我们启迪。优秀的艺术家往往通过他们的奇思妙想和超人直觉给我们展现新的东西，所以欣赏现代艺术是让我们提升创造力的最好方式之一。